Mülheimer Fatzerbücher 4
Krieg

Ringlokschuppen Ruhr
Mülheimer Fatzerbücher

1
Kommando Johann Fatzer

2
Räume, Orte, Kollektive

3
In Gemeinschaft und als Einzelne_r

4
Krieg

5
Not, Lehre, Wirklichkeit

Mülheimer Fatzerbücher 4

Krieg

Herausgegeben von
Matthias Naumann
Florian Thamer

Neofelis Verlag

Die *Mülheimer Fatzerbücher* werden herausgegeben von
Kultur im Ringlokschuppen e. V.

www.ringlokschuppen.ruhr

Veröffentlicht mit freundlicher Unterstützung der Kunststiftung NRW

Bibliografische Information der Deutschen Nationalbibliothek
Die Deutsche Nationalbibliothek verzeichnet diese Publikation in der Deutschen Nationalbibliografie; detaillierte bibliografische Daten sind im Internet über http://dnb.d-nb.de abrufbar.

Umschlaggestaltung: Marija Skara,
unter Verwendung einer Fotografie von Björn Stork.
Lektorat & Satz: Neofelis Verlag (mn)
Druck: PRESSEL Digitaler Produktionsdruck, Remshalden
Gedruckt auf FSC-zertifiziertem Papier.
ISBN (Print): 978-3-95808-007-2
ISBN (PDF): 978-3-95808-082-9

Inhalt

Krieg

Matthias Naumann / Florian Thamer

> Denn dieser Krieg
> Geht gegen uns, mit unserm Arm
> Wird unsere Person bekämpft.
> Und falsch
> Sind ausgewählt die Gegner, es
> Beziehen die gegnerischen Positionen
> Die falschen Haufen
> Freund und Feind auf einem Haufen
> Auf dem andern auch Freund und Feind.[1]

Krieg ist in vielerlei Hinsicht ein zentraler Bezugspunkt von Bertolt Brechts *Fatzer*-Fragment. Die Möglichkeiten einer Stückhandlung in *Fatzer* nehmen ihren Ausgang aus dem Krieg, dem Ersten Weltkrieg und seiner zerschossenen Landschaft, in die sich nicht tief genug eingraben lässt. Diesen Krieg brechen die vier Männer, Fatzer und seine Gefährten, ab. Und dabei verwandeln sie den Krieg der Völker vielleicht in einen Krieg der Klassen, den Weltkrieg in einen Bürgerkrieg. Der Krieg erscheint als eine radikale Form politischen Handelns, die in sich Potential und Gefahr der Zerstörung allen sozialen Zusammenhalts, aber zugleich auch Potential und Versprechen der Schaffung anderer, neuer sozialer Verhältnisse trägt. In unterschiedlichen Formen grundiert der Krieg in *Fatzer* alle Zeiten der Erfahrung. Der Erste Weltkrieg steht als eine mehr oder weniger ferne, zu erinnernde Vergangenheit am Anfang, als ein Bruch, der neue Brüche erzeugt und zu dem es (im *Fatzer*) kein Davor gibt. Der Krieg beherrscht die Gegenwart derer, die ihn abgebrochen haben und aus ihm auszubrechen versuchen, und ist Möglichkeit zukünftigen politischen Handelns.

Als zu erinnernder, historischer Krieg erschien der Erste Weltkrieg zu den Vierten Fatzer Tagen im Juli 2014, hundert Jahre nach seinem Beginn; doch die Frage aus *Fatzer*, wie sich Kriege abbrechen bzw. aus ihnen ausbrechen ließe, gilt weiter und nun auch für ganz andere Formen der Kriegsführung politischer

1 Bertolt Brecht: Fatzer. In: *Werke. Große kommentierte Berliner und Frankfurter Ausgabe*, Bd. 10.1. Berlin / Frankfurt am Main: Aufbau / Suhrkamp 1997, S. 387–529, hier S. 473 (B 52).

Gemeinschaften gegeneinander. Einerseits scheint dabei heute der Bürgerkrieg, z.B. in Syrien, eine zentrale Form des Krieges zu sein, doch ohne Klassenkampf, von dem der Aufruf zum Bürgerkrieg in *Fatzer* spricht. Andererseits treten, gerade wenn es um kollektive Konflikte über die Gestaltung der sozialen und polit-ökonomischen Verhältnisse geht, andere Formen politischer, staatlicher und nichtstaatlicher Konfrontation in Formen der Krise und des Kampfes um politische und ökonomische Hegemonie in den Blick. Vor dem Hintergrund der historischen Gewalt- und Horrorerfahrungen des Ersten Weltkriegs und der folgenden Kriege bis in die Gegenwart, aber auch des Versprechens einer revolutionären Gewalt nicht nur am Ende des Ersten Weltkriegs, stellt sich damit für eine heutige Auseinandersetzung mit *Fatzer* und Krieg auch die Frage nach den unterschiedlichen gegenwärtigen Formen staatlichen oder kollektiven politischen Gewalthandelns und nicht zuletzt nach den darin erscheinenden Figuren von Freund und Feind und den Modi ihrer Unterscheidung, der Ziehung von Fronten.

Für das Theater stellt Krieg, und auch dies lässt sich nicht zuletzt im *Fatzer*-Fragment sehen, eine Herausforderung dar, einerseits seiner Möglichkeiten und Einsätze der Darstellung von etwas, das dem Theater immer äußerlich bleiben muss, damit dieses nicht aufhört, Theater zu sein, andererseits der Herstellung von Theatersituationen zum Krieg. Durch seine offene, auslotende Form bietet sich *Fatzer* als Denkgrund und Experimentierfeld für Entwürfe einer Auseinandersetzung mit Krieg an, denen bei den Vierten Mülheimer Fatzer Tagen nachgegangen wurde, sowohl in den Vorträgen des Symposiums als auch in praktischen Theaterarbeiten mit dem *Fatzer*-Fragment. Der vorliegende Band versammelt alle Vorträge, die während des Symposiums gehalten und diskutiert wurden, sowie Dokumentationen der eingeladenen Produktionen und der aus dem Open Call entstandenen Arbeiten.

Symposium

Um sich dem Thema Krieg und der Frage, wie Theater mit diesem ‚Gegenstand' umgehen kann, aus einer breiteren Perspektivierung zu nähern, war es ein zentrales Anliegen bei der Zusammenstellung des Symposiums, ein interdisziplinäres wissenschaftliches Spektrum in Diskussion mit dem Theater zu bringen. Während des Symposiums stellten neben den Theaterwissenschaftlern Sebastian Kirsch und Matthias Naumann die Juristin Nora Markard und der

Soziologe Jens Warburg, die sich für ihren Vortrag dankenswerter Weise auch mit dem bisher für sie unbekannten *Fatzer*-Material vertraut gemacht hatten, ihre Beiträge zur Diskussion, die hier in leicht überarbeiteter Form abgedruckt sind.

Bezugnehmend auf einen berühmten Ausspruch von Carl von Clausewitz, wonach der Krieg ein Chamäleon sei, weil er in jedem konkreten Fall seine Natur ändere, gibt Jens Warburg einen kurzen Abriss der fortschreitenden technischen und strategischen Entwicklungen des Krieges in den letzten 250 Jahren, um daran anschließend zu zeigen, wie stark der Krieg seine Natur gerade im Zuge des Ersten Weltkriegs und seiner damit stattfindenden Industrialisierung verändert hat. Besondere Berücksichtigung finden dabei Aspekte des Ersten Weltkriegs, die in *Fatzer* eine Rolle spielen. Ausblickend reflektiert Warburg die chamäleonartigen Metamorphosen des gegenwärtigen Kriegsgeschehens.

Zum Nullpunkt des Jahrhunderts führt Sebastian Kirsch seine Lektüre *Fatzers* im Verhältnis zum Ersten Weltkrieg und der in diesem erfolgenden Veränderungen der Kriegsführung. Er untersucht die Rolle der Räume, Löcher und Körper in *Fatzer*, insbesondere ihre Aggregatzustände und wie diese in den Materialschlachten und Gasangriffen des Ersten Weltkriegs neuen Formen der Erfahrung und Bedrohung ausgesetzt wurden. Dies führt ihn ausgehend von Überlegungen Peter Sloterdijks zu einer Untersuchung der im Ersten Weltkrieg beginnenden Formen der Kriegsführung, die auf die Atmosphäre und damit die lebensnotwendige Umgebung von Subjekten und Organismen zielen, wie chemische, biologische oder atomare Waffen, und die in gegenwärtigen Kriegen und Terrorismus eine zentrale Rolle spielen.

Die auf Verfassungs- und Migrationsrecht spezialisierte Juristin Nora Markard widmet sich den aktuell verstärkten, durch Kriege ausgelösten Migrationsbewegungen. Dabei zeigt sie auf, dass der Flüchtlingsschutz erst während des Ersten Weltkriegs juristisch virulent wurde, weil erst zu diesem Zeitpunkt Passkontrollen und Einreisebeschränkungen eingeführt wurden. Nach einem historischen Überblick über die Entwicklung und Struktur des Flüchtlingsschutzes geht sie dann auf die heutigen Rechtsprobleme von Kriegsflüchtlingen ein und versucht schließlich vor dem Hintergrund des aktuellen Falls eines US-Deserteurs zu beantworten, ob jemand wie Fatzer heute Flüchtlingsschutz genießen könnte.

In seinen Überlegungen zum Verhältnis von Krieg und Theater geht Matthias Naumann an die Ursprünge europäischer Theatertradition zurück: Er identifiziert *Die Perser* des Aischylos als Kriegsstück, an dem zentrale Aspekte, die auch in späteren theatralen Auseinandersetzungen mit Krieg wieder erscheinen, bereits ablesbar sind. Davon ausgehend geht es ihm um eine Unterscheidung zwischen Artikulationen im Krieg und im Kriegsdiskurs, um das Verhältnis des Theaters zum Krieg zu klären, was zu einem Vergleich von Brechts *Fatzer* mit dem ebenfalls in den 1920er Jahren entstandenen Kriegsstück *Die endlose Straße* von Sigmund Graff und Carl Ernst Hintze führt, um dann abschließend mit der interventionistischen Aktion *Kindertransporthilfe des Bundes* des Zentrums für Politische Schönheit eine aktuelle künstlerische Arbeit zu analysieren, die mit Fragen der Darstellung von Krieg umzugehen hat.

Open Call

Nachdem die Idee, einen Open Call auszuschreiben, der sich explizit an Theaterschaffende richtet, die noch am Anfang ihrer Karriere stehen, bei den Dritten Mülheimer Fatzer Tagen 2013 zu spannenden und vielschichtigen Ergebnissen geführt hatte, sollte diese Praxis auch für die vierte Ausgabe des Festivals unbedingt weitergeführt werden. Aus zahlreichen Einsendungen, die den Ringlokschuppen erreichten, wurden drei sehr unterschiedliche Vorschläge ausgewählt:

Für die Umsetzung von *Fatzer & Selbstkritik der kgi* lud sich das Performancekollektiv kgi – büro für nicht übertragbare angelegenheiten einen Kinderchor ein, mit dem zusammen sie ihre Inszenierung vor Ort entwickelten. Die Aufführungsfotos geben einen guten Eindruck von der anarchisch-provokativen, dezidiert politischen Inszenierung, die auf unterschiedlichste Theatermittel zurückgriff und in einer ausgelassenen Wasserschlacht auf dem Parkplatz hinter dem Ringlokschuppen endete.

Die kgi wählte zum einen die Form eines fiktiven Interviews, um ihre Arbeitsweise, ihre politische Haltung und die konkrete Auseinandersetzung mit dem *Fatzer*-Material zu beleuchten, zum anderen legen sie einen Text vor, der sich mit den aktuellen politischen Entwicklungen vor allem in Deutschland auseinandersetzt. Die Bestrebungen konservativ-reaktionärer bis hin zu offen rechtsradikalen Parteien und außerparlamentarischen Bündnissen werden genauso treffend analysiert, wie die augenscheinliche Ohnmacht der

radikalen Linken, angemessen auf diese Entwicklungen zu reagieren, beklagt wird.
Im Namen der Kunstfigur Ewert Nitschke verfassten und verschickten Helene Ewert und Julia Nitschke Absagen – im Stile von Absagen auf Bewerbungsschreiben – an Länder – und später auch an Firmen –, die aktuell direkt oder indirekt in kriegerische Handlungen verstrickt waren. In einer performativen Ausstellung in der Dezentrale im Mülheimer Stadtzentrum, die Ewert Nitschke bereits Mitte Juni, knapp einen Monat vor Beginn der Fatzer Tage bezogen hatte, präsentierten sie während des Festivals alle verschickten „Absagen an Krieg" und auch einige Antworten, die das Künstlerinnenduo bis dahin erreicht hatten. Der hier vorliegende Text zeichnet das Projekt chronologisch nach. Einige Absagen und Antworten sind als Bilder abgedruckt, um einen genaueren Eindruck des Projekts zu ermöglichen.
Ausgehend von der im *Fatzerkommentar* erstmals aufscheinenden Lehrstücktheorie Brechts schufen Tilman Aumüller, Jacob Bussmann, Bettina Földesi und Ruth Schmidt ein konsequentes Setting, in dem die Zuschauenden zu Spielenden werden mussten – wollten sie denn, dass sich etwas ereignet. Für ihren *DIY-Fatzer / Unser Arm gegen uns! Ein Lehrstück-Happening* verfassten sie eine Spielanleitung in Form eines großformatigen Buchs, welches genaue Anweisungen für die Umsetzung einer vom Publikum selbst durchzuführenden Aufführung bereitstellt. Einige Seiten dieses Buchs finden sich hier ebenfalls als Bilder abgedruckt wieder. Dazu stellt die Gruppe noch „24 Thesen zum Lehrstück-Happening" zur Diskussion, um die Motivation und Haltung ihrer Arbeit zu theoretisieren.

Inszenierungen

Das Theaterkollektiv Futur II Konjunktiv folgt in *Fatzer – eine Zeremonie* dem Gedanken eines durchgängig musikalisch-rhythmisch geordneten Rituals und stellt dabei die Chöre, reflexiven und erzählenden Passagen des Fragments in den Mittelpunkt. Das Publikum ist Teil dieser Zeremonie, die in einem zukünftigen Staat am Vorabend einer wichtigen politischen Versammlung stattzufinden vorgibt: Vier Spielerinnen vollziehen rituelle Handlungen, die den Gründungsmythos der Gesellschaft immer wieder zur Aufführung bringen – die Geschichte des Johann Fatzer. Im Zentrum stehen die beiden Handlungen, auf die sich die neue Gesellschaft gegründet hat: die sexuelle Selbstbestimmung Therese Kaumanns sowie die Tötung/Opferung Fatzers durch seine drei Kameraden, die er zuvor verraten hat.

Eingeladen waren außerdem andcompany&Co., die bereits bei den ersten Fatzer Tagen 2011 ihre Inszenierung *FatzerBraz* präsentiert hatten. Mit dem Lecture-Concert *Sounds like war: Kriegserklärung* setzt sich das Berliner Kollektiv aber weniger mit dem *Fatzer*-Material als vielmehr generell mit dem Thema Krieg und dem Sprechen vom Krieg / des Krieges auseinander. Abgedruckt wird hier der vollständige Text des Lecture-Concerts inklusive aller Regieanweisungen.

Abgeschlossen wird der Band durch Michael Wehrens Beitrag „Den Krieg abbrechen / Den Krieg erklären – andcompany&Co.'s Politik der Assoziation und der Erste Weltkrieg" der *Sounds like war: Kriegserklärung* aus theaterwissenschaftlicher Perspektive analysiert.

Krieg

Das Chamäleon Krieg

Jens Warburg

Mit dem Begriff des Krieges wird das Aufeinandertreffen von mindestens zwei kollektiven Akteuren bezeichnet, die mit organisierter Gewalttätigkeit für eine gewisse Dauer gegeneinander kämpfen, was spezifische Handlungsketten nach sich zieht. Carl von Clausewitz fasst dieses Geschehen prägnant in der Aussage zusammen: „Der Krieg ist nichts als ein erweiterter Zweikampf."[1] Zugleich stellt er aber auch fest, dass der Krieg „ein wahres Chamäleon" sei, weil er „in jedem konkreten Falle seine Natur etwas ändert, [...] auch seinen Gesamterscheinungen nach"[2]. Durch die konkreten Vorbedingungen der Kriege, also die (politischen) Ziele der Akteure, die Mittel, über die sie verfügen und die sie einsetzen (was nicht identisch sein muss), und die „Leidenschaften, welche im Kriege entbrennen"[3], verändert sich sowohl die innere Dynamik als auch die Gesamterscheinung des jeweiligen Krieges.

Ausgehend von diesen Überlegungen Clausewitz' soll nachfolgend auf das soziale Phänomen des Krieges eingegangen werden. Besondere Berücksichtigung finden dabei Aspekte des Ersten Weltkriegs, die in Bertolt Brechts Fragment *Fatzer* eine Rolle spielen. Im Anschluss daran werden die chamäleonartigen Metamorphosen des gegenwärtigen Kriegsgeschehens reflektiert.

Clausewitz formulierte seine Einsichten vor dem Hintergrund der soeben beendeten Napoleonischen Kriege (1800–1815), die die europäische politische, soziale und kulturelle Landschaft über zwei Dekaden prägten und nachhaltig verändern sollten. Noch das heutige europäische Staatensystem ist von den Nachwirkungen dieser Kriege maßgeblich bestimmt. Sie stellten eine Abkehr von den sogenannten Kabinettskriegen dar, das heißt einem Kriegsgeschehen, das weitgehend an die politischen Überlegungen der autokratisch herrschenden Aristokratie gebunden blieb. Die Kabinettskriege des 18. Jahrhunderts wurden – gemessen an den Napoleonischen Kriegen – mit kleinen Truppenverbänden geführt und blieben räumlich

1 Carl von Clausewitz: *Vom Kriege* [1832]. Hamburg: Dümmler 1991, S. 191.

2 Ebd., S. 212.

3 Ebd., S. 213.

begrenzt, was allerding nicht ausschloss, dass es wie im Verlauf des Siebenjährigen Krieges (1757–1763) an verschiedenen europäischen wie außereuropäischen Kriegsschauplätzen zu Kampfhandlungen kam. In den Napoleonischen Kriegen bestanden die Armeen nicht mehr aus Zehntausenden Soldaten, sondern aus Hunderttausenden. Es wurden erstmals große Teile der männlichen Bevölkerung für die Aufstellung der Verbände rekrutiert. Um derart viele Soldaten rekrutieren zu können, wurde in einigen Staaten die Wehrpflicht eingeführt, was wiederum nur nach vielen gesellschaftlichen und politischen Umgestaltungen der jeweiligen Gesellschaften und Staatsverfassungen möglich war. Die Aufstellung, Ausrüstung sowie die Versorgung dieser großen Armeen nahmen die Ökonomien der kriegführenden Gesellschaften in hohem Maße in Anspruch. Es waren nicht zuletzt diese ökonomischen Belastungen und die anhaltenden Truppenaushebungen unter Napoleon, die in weiten Teilen der Bevölkerung des späteren Deutschland zu einer großen Ablehnung der ‚französischen Fremdherrschaft' führten. Von strategischer Bedeutung wurde erstmals auch eine Kriegführung, deren damalige Bezeichnung uns bis heute geläufig ist, der kleine Krieg – die Guerilla. Denn in Spanien band diese als irregulär eingestufte Kriegführung – mit britischer Unterstützung – über Jahre hinweg große französische Truppenkontingente.

Nach den Napoleonischen Kriegen, genauer im Zeitraum zwischen 1815 und 1914, schien der Krieg, wie sich das auch Clausewitz erhofft hatte, wieder weitgehend politisch gehegt zu sein. Die Tendenz zum Äußersten, die Clausewitz in den Krieg eingeschrieben sah, schien für viele europäische Zeitgenossen des 19. Jahrhunderts einer anderen Zeit anzugehören. Wo solche Tendenzen beobachtet wurden, z. B. in der Gestalt einer die gesamten Gesellschaften erfassenden Gewaltsamkeit, wurde dies als Zeichen vormoderner Kriegführung gewertet. Der Erste Weltkrieg sollte diese Betrachtungsweise grundsätzlich in Frage stellen.

Erst recht nach dem Deutsch-Französischen Krieg, also nach 1871, schien der Krieg in Europa ein Randgeschehen geworden zu sein. Dies galt nicht zuletzt geographisch. Diese geographische Distanz begünstigte es, dass viele Zeitgenossen das Phänomen des Krieges, auch die Napoleonischen Kriege in der Gestalt der sogenannten Befreiungskriege, romantisieren konnten. Mit einem romantisch verzerrten Kriegsbild zogen die meisten Soldaten, aber auch die jeweiligen Bevölkerungen und Öffentlichkeiten in den Ersten

Weltkrieg. In Bezug auf die militärischen Führungen würde eine solche Einschätzung eine Verharmlosung und ein Freisprechen von der Verantwortung bedeuten, die über Jahre hinweg Menschen und Material bedenkenlos auf die Schlachtfelder ‚kippten'. Denn ihnen war keineswegs entgangen, dass spätestens im letzten Drittel des 19. Jahrhunderts die Industrialisierung auch im Krieg Einzug gehalten hatte. Sie selber hatten sich immer wieder für neue Rüstungsprogramme eingesetzt und die Wirkungsweisen der neuen Waffen sehr genau studiert. Die europäischen Militärs hatten auch, sofern sie selber nicht als Kriegspartei auftraten, stets Beobachter auf außereuropäische Kriegsschauplätze entsandt, die die Veränderungen des Schlachtfelds durch den Waffeneinsatz registrierten. Deren Beobachtungen gingen in die eigenen konzeptionellen Überlegungen ein. So wussten die führenden Militärs sehr genau, dass man sich mit bunten Uniformen und aufrechtstehend besser nicht dem Feuer von Artillerie und Maschinengewehren aussetzen sollte. Und obwohl sich die europäischen Militärs anfangs weigerten, die Kriegserfahrungen zum Beispiel des amerikanischen Sezessionskrieges (1860–1864) anzuerkennen, der u. a. in Cold Harbor den Schützengraben kannte,[4] blieben die Beobachtungen im 2. Burenkrieg (1898–1902), im Russisch-Japanischen Krieg (1904–1905) und die Erfahrungen in den Kolonialkriegen nicht ohne Folgen. Die Militärliteratur vor dem Ersten Weltkrieg zur Frage, welche Konsequenzen aus der Industrialisierung des Krieges gezogen werden sollten, füllt ganze Bibliothekssäle. Praktisch schlugen sich die Debatten in veränderten Einsatzkonzeptionen nieder. Berittene konnten auf dem Schlachtfeld nicht mehr eingesetzt werden. Die Soldaten wurden mit Spaten ausgerüstet und mussten das ‚Schanzen' üben. Die Infanteristen wurden, wenn auch eher schleppend, mit Helmen aus Stahl ausgerüstet. Bunte Uniformen waren nur noch für Paraden geeignet. Sofern man die Militärs des Romantizismus verdächtigen möchte, dann im Hinblick darauf, dass sie glaubten, erstens die von ihnen gedrillten europäischen Soldaten könnten weitaus eher die Belastungen des industrialisierten Kriegsgeschehens aushalten als die Bewaffneten, gegen die sie außerhalb Europas kämpften, und damit verbunden, dass sie zweitens dachten,

4 Literarisch hat dieses Kriegsbild z. B. in Mark Twains Roman *A Connecticut Yankee at King Arthur's Court* (*Ein Yankee aus Connecticut an König Artus' Hof*, 1889) seinen Niederschlag gefunden.

das Maschinengewehrfeuer könne mit männlicher Willenskraft überwunden werden. Beides sollte sich als irre erweisen.

Zum Streit, in welchem Ausmaß die jeweiligen europäischen nationalen Eliten für den Ersten Weltkrieg verantwortlich waren, der nicht nur unter Historikern geführt wird, sei hier kurz darauf hingewiesen, dass sicher alle Kriegsparteien bei vollem Bewusstsein den Krieg über Jahre hinweg vorbereiteten. Insofern ist dem Buch *Die Schlafwandler*[5] von Christopher Clark, dass die jüngste Debatte angestoßen hat, zuzustimmen. In dem Buch wird betont, dass alle politischen Eliten einer politischen Kultur verpflichtet waren, die zum Krieg geführt habe. Allerdings droht eine zu starke Betonung dieses Gesichtspunkts zu unterschlagen, wie sehr das deutsche Militär auf eine offensive Kriegführung drängte und die Regierungsentscheidungen bestimmte.[6] Schon Jahre vor dem Krieg hatte das deutsche Militär sich auf eine offensive Kriegführung gegenüber Frankreich festgelegt. Die minutiös ausgearbeiteten Mobilisierungs- und Aufmarschpläne auf deutscher Seite sahen zwingend vor, dass die deutschen Truppen möglichst schnell die französischen Truppen und ihre Verbündeten angriffen und besiegten, um sich anschließend der zaristischen Armee zuwenden zu können (Schlieffenplan). Von diesen letztlich gescheiterten Planungen der deutschen Militärs wurden die Dynamik des Kriegsbeginns und der Kriegsverlauf in den ersten Monaten auf dem europäischen Kriegsschauplatz geprägt.[7]

Wenn also die von mir als industrialisiert bezeichnete Kriegführung auch nicht völlig neu war, so kann man doch feststellen, dass sie sich hier auf eine spezifische Weise erstmals voll entfaltete. Die Industrialisierung der Kriegführung war insbesondere auf dem französischen Kriegsschauplatz und in den Alpen unübersehbar. In Ost- und Südosteuropa sowie auf den außereuropäischen Kriegsschauplätzen (Afrika, meist um die deutschen Kolonien, Asien, insbesondere auf Gebieten des Osmanischen Reiches, hinzukommen noch einige maritime Operationen außerhalb Europas) prägte zwar die Industrialisierung auch das Kriegsgeschehen, aber es sollten

5 Christopher Clark: *Die Schlafwandler*. München: DVA 2013.

6 Vgl. August Heinrich Winkler: Und erlöse uns von der Kriegsschuld. In: *Die Zeit*, 32/2014, S. 14.

7 Die Literatur zu diesem Thema ist inzwischen schwer zu überschauen, deshalb sei an dieser Stelle nur verwiesen auf das Buch von Annika Mombauer: *Die Julikrise: Europas Weg in den Ersten Weltkrieg*. München: Beck 2014.

verschiedene Merkmale, wie sie in den Alpen und in Frankreich zu finden waren, nur schwach bzw. schwächer ausgeprägt sein.

Während es zu den Besonderheiten des Kriegsgeschehens in Westeuropa und dem alpinen Raum gehörte, dass die Kämpfe über Jahre hinweg in den gleichen Räumen tobten, kam es in Osteuropa im Verlauf des Krieges wiederholt zu rasch sich verändernden Frontverläufen, also zu Phasen des Bewegungskrieges. Mehrfach gelang es den Kriegsparteien, die Frontstellungen des jeweiligen Gegners zu durchbrechen, teils weil die Gegner zu wenige Soldaten vor Ort hatten, teils weil sie mit ihrer Ausrüstung den Angriffen nicht standhalten konnten, hier spielte vor allem der Giftgaseinsatz eine wichtige Rolle. Da in den meisten Regionen Osteuropas das Straßen- und Eisenbahnnetz weniger dicht geknüpft war, blieben auf diesen Kriegsschauplätzen auch noch Bewaffnete zu Pferd bedeutsam. Reiterverbände klärten die Stellung der gegnerischen Truppen auf und führten Angriffe auf die Flanken und Versorgungslinien des Gegners durch. Trotzdem kann nicht von einer vorindustriellen Kriegführung gesprochen werden, weil sich auch hier die unterschiedlichen Industrialisierungsgrade der Kriegsparteien bemerkbar machten. So verfügte 1917 das zaristische Russland nicht mehr über die Ressourcen, um seine Truppen mehr als nur notdürftig auszurüsten, und deshalb konnten die zaristischen Truppen den vorrückenden deutsch-österreichischen Verbänden kaum etwas entgegensetzen. Vor diesem Hintergrund meuterten und desertierten viele Soldaten und trugen damit zur Revolution von 1917 bei.

Was sind die Kennzeichen der industrialisierten Kriegführung?

Der Materialeinsatz im Verlauf des Ersten Weltkrieges, die angerichteten Zerstörungen und der Tod von Millionen Soldaten beruhten auf der Fähigkeit der Kriegsparteien, ihre industriellen Ressourcen für den Krieg zu mobilisieren. Zugleich war das Kampfgeschehen selbst auch unmittelbar durch den Einsatz von industriell erzeugten Maschinen geprägt. Dies gilt für die Kämpfe, die zur See geführt wurden, und noch mehr für den Krieg, der erstmals in großem Umfang in der Luft und unter der Wasseroberfläche ausgetragen wurde. Überhaupt erst der Einsatz von Maschinen machte dieses neuartige Ausgreifen des Kriegsgeschehens auf neue Räume möglich. Am Boden bestimmten Artilleriegeschütze und Maschinengewehre das Geschehen und schufen in Westeuropa die Merkmale, die bis heute das Bild vom Ersten Weltkrieg prägen – den Grabenkrieg und die zerschlagenen Landschaften. Erst gegen Ende des Krieges wurden in größerem Umfang Panzer eingesetzt, die den Soldaten einen gewissen Schutz vor dem Maschinengewehr- und Artilleriefeuer boten und es ihnen ermöglichen sollten, die Todeszone, welche dieses Feuer schuf, zu durchqueren. Hunderttausende Soldaten kämpften, indem sie diese Maschinen bedienten, also sie auf den Gegner bzw. auf bestimmte Räume ausrichteten, abfeuerten und mit neuer Munition bestückten. Deshalb erinnerte auch der Kampf selber viele Zeitgenossen an industrielle Arbeit.[8]

Um eine Vorstellung davon zu entwickeln, was sich mit dieser Kriegführung änderte, ist es vielleicht am einfachsten, daran zu erinnern, dass noch zu Napoleons Zeiten die Armeen mit der Munition auf den Schlachtfeldern eintrafen, die ihnen beim Abmarsch mitgegeben worden war. Zwar trafen in dieser Zeit bei den Armeen auch Nahrungsmittel und Ausrüstungsgegenstände ein, aber die Möglichkeiten, die Munitionsvorräte zu erneuern, waren sehr begrenzt. Die Logistik der Heere war im Grunde schon mit der Versorgung der Armeen mit Nahrungsmitteln überlastet. Deshalb mussten sich in dieser Zeit die Soldaten auch aus dem Land, durch das sie zogen, ernähren. Zu den Folgen dieser Art der Versorgung gehörte, dass die Landschaften buchstäblich verheert wurden, also zumindest zeitweilig aller Ressourcen beraubt waren. Die industrialisierte Kriegführung beruht entscheidend darauf, dass die Truppen permanent mit den industriellen Stätten der jeweiligen kriegführenden Streitmacht verbunden bleiben und mit allen Gütern beliefert werden. Ohne die unablässige Zufuhr von Nahrungsmitteln, Munition, Treib- und Schmierstoffen, Ausrüstungen, und auch von Soldaten, die an die Stelle der Verwundeten und Getöteten treten, hätten die Armeen ihre Kampftätigkeit nicht fortsetzen können.

8 Bereits 1924 bezeichnete Kurt Tucholsky Soldaten als „Fabrikarbeiter des Todes“ (Kurt Tucholsky: Vor Verdun. In: *Die Weltbühne*, 07.08.1924, S. 218.). Später griff Arnold Zweig diese Formulierung auf, als er Soldaten „Fabrikarbeiter der Zerstörung“ (Arnold Zweig: *Erziehung vor Verdun* [1932]. München: Kindler 1964, S. 125–126) nannte. Zu den wenigen literarischen Zeugnissen, die den Zerstörungsprozess als ein Produkt bürokratischer Planung mit maschinellen Mitteln und aus der Perspektive von Artilleristen schildern, gehört Edlef Köppen: *Heeresbericht* [1930]. Hamburg: Nikol 2012, S. 227–228.

Der Krieg selber war zu einem industriellen Geschehen geworden. Masseneinsatz wurde Trumpf. Wer Krieg gegen einen Gegner führen will oder muss, der selber über industrielle Ressourcen verfügt, muss seine eigenen Ressourcen möglichst umfassend mobilisieren, um den Krieg gewinnen zu können.
Um die Bedeutung des industriellen Masseneinsatzes zu illustrieren: In der Schlacht bei Waterloo (1815) verfügten die französischen Artilleristen über ungefähr 20.000 Kanonenkugeln. Allein zur Vorbereitung der Schlacht an der Somme (1916) ließ die britische Generalität 2.960.000 Granaten in die Nähe der Geschütze bringen.[9]
In den Kriegsgebieten in Frankreich und Belgien konnten die Truppen beider Kriegsparteien permanent sehr gut mit den industriellen Produktionsstätten verbunden werden, weil in diese Gebiete viele Eisenbahnstrecken führten, die im Verlauf des Krieges auch noch weiter ausgebaut wurden. Durch die Eisenbahn wurde eine Verbindung zu den industriellen, aber auch agrarischen Zentren geschaffen, die es ermöglichte, dass über Jahre hinweg Millionen Menschen im gleichen Räumen kämpfen konnten. Gerade weil beide Seiten über diese Ressourcen und ähnliche technische Möglichkeiten verfügten, entstand schon bald nach Beginn des Krieges eine Pattsituation zwischen den Kriegsparteien. Erst der Kriegseintritt der USA (1917) und damit der Einsatz ihrer industriellen Ressourcen hob diese Pattsituation auf und entschied den Krieg.
Wie sah das Schlachtfeld des Ersten Weltkriegs am Boden aus? In den Beschreibungen Überlebender wird immer wieder berichtet, dass sie von der Leere und Ödnis des Kampfgebietes überrascht waren. Meistens erahnten sie mehr die Präsenz der Gegner, lebend sahen sich die Gegner selten. Häufiger als der Anblick eines lebenden Gegners war der von Toten. Warum? Um dem Feuer der Maschinenwaffen zu entgehen, waren die Soldaten von der Erde verschwunden. Eine der Haupttätigkeiten von Infanteristen bestand in der Arbeit mit dem Spaten. Ihre Grab-Arbeiten führten sie in einem Raum aus, der von der Wirkung der Explosivgeschosse umgeformt war. Das ‚heroische' Schlachtfeld vorangegangener Kriege war verschwunden. Und es ist seitdem auch nicht wiedergekommen. An seine Stelle traten Todeszonen, das Niemandsland, das durchschritten werden musste, um den Gegner aus dem angrenzenden Raum zu vertreiben. Das Sterben und der Tod wurden zum

9 John Keegan: *Das Antlitz des Krieges*. Frankfurt am Main: Campus 1991, S. 252.

Dauerphänomen und gehören zum Signum des industrialisierten Kriegsgeschehens. Damit wurde die Schlacht zu einem Geschehen, dass sich nur z.B. durch administrative Entscheidungen von anderen Zeiten und Räumen abgrenzen ließ, in denen getötet und gestorben wurde. Selbst wenn nichts geschieht, wird in einem solchen Krieg gestorben, so wie der Protagonist Paul Bäumer in Erich-Maria Remarques Roman an einem Tag getötet wird, an dem „im Westen sei nichts Neues zu melden“[10].

Im Ersten Weltkrieg bildete sich ein Hinterland aus, also eine Zone, die zwar auf die Front orientiert blieb, aber noch nicht von den Gefahren des Krieges gezeichnet war. Das Hinterland kannte keine definitive Grenze, wenn auch mit abnehmender Intensität, wurde die gesamte Gesellschaft zum Hinterland, das seine Ressourcen permanent für den Krieg zur Verfügung stellen musste. Die Bedeutung des Hinterlandes wurde spätestens im Ersten Weltkrieg allgemein festgestellt, und in Vorbereitung auf den nächsten Krieg stellten alle Kriegsparteien Überlegungen an, wie sie das Hinterland des Gegners effektiv angreifen könnten bzw. wie man sich vor entsprechenden gegnerischen Ambitionen würde schützen müssen. Das Hinterland wurde selber zum militärischen Angriffsziel. Zwar wurde schon im Ersten Weltkrieg das Hinterland durch Flugzeuge und Zeppeline angegriffen, auch wurden weitreichende Artilleriegeschosse auf Städte abgefeuert, doch noch waren die Wirkungen dieser Angriffe so punktuell, dass sie sich nicht auf das Geschehen in toto auswirkten.[11] Im Zweiten Weltkrieg erfolgte dann die permanente Ausweitung der Kampfzone auch auf das Hinterland. Luftangriffe, auch auf ausdrücklich nicht militärische Ziele, und damit der Tod von Zivilisten gehören seitdem zum integralen Bestandteil moderner Kriegführung.

Eine Randbemerkung zu Desertion und Meuterei

Für Soldaten war das Hinterland ohne entsprechende Marschbefehle schwer zu erreichen, weil hinter den Frontsoldaten Militärpolizisten darüber wachten, dass kein Soldat sich eigenmächtig ‚von

10 Erich Maria Remarque: *Im Westen nichts Neues*. Berlin: Ullstein 1968, S. 204.

11 Dass im Ersten Weltkrieg das Hinterland noch weitgehend unberührt von Angriffen blieb, ermöglichte eine gewisse Ahnungslosigkeit gegenüber der Realität des Kriegsgeschehens und erleichterte ein Festhalten der zivilen Bevölkerung an den romantisierenden Vorstellungen vom Krieg wesentlich. Die damalige Kriegspropaganda konnte deshalb das Geschehen in einem heute vielleicht nicht mehr vorstellbaren Ausmaß verklären.

der Truppe entfernt'. Mit der Herausbildung des Stellungskriegs wurde es für die Soldaten besonders schwer, sich ,unerlaubt von der Truppe' zu entfernen, weil sich mit dem stabilen Frontverlauf die Kontrollen leichter etablieren ließen. Sofern die Soldaten nicht versuchten, quasi zum Gegner ,überzulaufen', was im Allgemeinen als sehr gefährlich galt,[12] konnten sie am ehesten desertieren, indem sie vom Fronturlaub nicht zurückkehrten bzw. erteilte Marschbefehle nutzten, um im Hinterland ,unterzutauchen'. Aber auch dies gestaltete sich sehr schwierig, zumal im Hinterland Nahrungsmittel rationiert waren und illegal Lebende keine Lebensmittelmarken erhielten. Aus diesen Gründen flohen viele Deserteure auch in das neutrale Ausland, also z. B. nach Dänemark, in die Niederlande und die Schweiz. Grundsätzlich lässt sich sagen, dass Soldaten aller Kriegsparteien desertierten. Vor 1916/17 lag ihre Zahl bei den führenden Kriegsparteien „bei ein bis drei Soldaten auf tausend pro Jahr."[13] Ihre Zahl nahm in Phasen des Bewegungskrieges zu, und eine sehr starke Zunahme ist als ein Zeichen für die Auflösung der Armeen zu werten. Dies sollte sich vor allem bei den Streitkräften des zaristischen Russlands (1917) sowie Österreich-Ungarns (1918) zeigen. Welche Rolle die zunehmenden Desertionen am Ende des Krieges bei den deutschen Truppen spielten, war und ist umstritten. Sicher ist, dass die Meutereien der Marine-Soldaten 1918 eine Initialwirkung für die Revolution hatten.[14] Das Recht, den Kriegsdienst zu verweigern, wurde damals nur in Großbritannien und den USA gewährt und blieb auch hier nur relativ wenigen und religiös motivierten Verweigerern vorbehalten.[15]

12 Einen Eindruck hiervon vermittelt der autobiographische Bericht von Dominik Richert: *Beste Gelegenheit zum Sterben*. München: Knesebeck & Schuler 1989, S. 371–372.

13 Christoph Jahr: Desertion. In: Gerhard Hirschfeld / Gerd Krumeich / Irina Renz (Hrsg.): *Enzyklopädie „Erster Weltkrieg"*. Paderborn: Schöningh 2004, S. 435–447, hier S. 436.

14 Mehrfach sahen sich auch die alliierten Befehlshaber mit Meutereien unter ihren Soldaten konfrontiert. Die Meuterei unter französischen Soldaten (1917) ist sicher die bekannteste. Mit Gewalt – fast 3.500 Soldaten wurden vor Gericht gestellt, hunderte zu langjährigen Haftstrafen verurteilt und 49 Todesurteile vollstreckt (Jean-Jacques Becker: Meutereien in der französischen Armee. In: Hirschfeld / Krumeich / Renz (Hrsg.): *Enzyklopädie „Erster Weltkrieg"*, S. 710–711) – und dem Versprechen, die Lebensbedingungen der Soldaten zu verbessern, konnte die Meuterei beendet werden. Cineastisch hat sie ihren Niederschlag u. a. in dem Film *Paths of Glory* (*Wege zum Ruhm*, USA 1957) von Stanley Kubrick gefunden.

15 Zu den Themen Desertion und Kriegsdienstverweigerung im Ersten Weltkrieg siehe Fn. 11 sowie Christoph Jahr: „Der Krieg zwingt die Justiz, ihr Innerstes zu

Generell bedeutete die Industrialisierung des Krieges:[16]

1. Eine Steigerung der Destruktionskräfte. Die von industriell gefertigten Waffen ausgehende Gewalt macht die Kriegführung nicht brutaler, gemeiner oder inhumaner. Die Schmerzen, die vorindustriell hergestellte Waffen hervorrufen, sind prinzipiell nicht geringer als die Schmerzen, die Projektile verursachen, die beispielsweise ein Granatwerfer verschießt. Die Industrialisierung bedeutet vor allem eine zeitliche Verdichtung bei der Freisetzung zerstörerischer, tödlich wirkender Energie. Die Industrialisierung der Destruktionskräfte vertiefte außerdem die seit Einführung der Schusswaffe geltende Tendenz, jeden einzelnen Waffenträger mit Mitteln auszustatten, deren zerstörerische Energien keine unmittelbare Verbindung zu seinen individuellen Fähig- und Fertigkeiten haben.
2. Durch die Industrialisierung bildet sich ein Ensemble sozialer Verhältnisse, deren Spezifikum die permanente Präsenz des Tötens ist. So viel Elend, Leid und Tod bereits der Kriegszustand in vorindustriell geführten Kriegen für die Menschen bereithielt, so groß die Gefahr war, zu verhungern oder an einer Krankheit zugrunde zu gehen – die Todesgefahren im Rahmen eines Gefechts bestanden meist nur für relativ kurze Zeiträume. Und so heftig die Affekte des Einzelnen waren, so traumatisch das hier Erlebte auf ihn wirkte, erst mit der Industrialisierung verdichten sich solche Situationen regelmäßig zu einem Dauerzustand. Für Soldaten bedeutet die Permanenz der Kampfhandlungen, dass sie Todes- und Tötungsbereitschaft in einem zuvor unbekannten Ausmaß in ihren Alltag integrieren müssen. Durch das extensiv gesteigerte Kampfgeschehen steigt die prinzipiell bestehende Wahrscheinlichkeit für die Akteure enorm an, dass sie im Verlauf der Kampfhandlungen mit ihren physischen wie psychischen Grenzen konfrontiert werden und folglich in der Gefahr stehen, vom Erlebten überwältigt zu werden. Die Akteure sind einem zerstörerischen physischen und psychischen Raubbau ausgesetzt, auf den sie sich vorbereiten können, aber an den sie sich nicht gewöhnen können.

revidieren". Desertion und Militärgerichtsbarkeit im Ersten Weltkrieg. In: Ulrich Bröckling / Michael Sikora (Hrsg.): *Armeen und ihre Deserteure*. Göttingen: Vandenhoeck & Ruprecht 1998, S. 187–221.

16 Ausführlich wird auf diese Thematik eingegangen in Jens Warburg: *Das Militär und seine Subjekte*. Bielefeld: Transcript 2008, S. 218–219.

Kontinuitäten des Kriegsgeschehens seit dem Ersten Weltkrieg

Nach wie vor entstehen dort, wo das Kriegsgeschehen auch nur für kurze Zeit tobt, Zonen der Vernichtung, werden Landschaften und urbane Gebiete buchstäblich zerschossen. Zonen der Vernichtung heißt auch, dass hier kein Leben als Zivilistin oder Zivilist möglich ist. Sie müssen, wenn sie nicht sterben wollen, sich verstecken, in die Keller gehen, fliehen.

Zu den im Ersten Weltkrieg neu erschlossenen Räumen, der Luft und unter der Wasseroberfläche, sind seitdem noch der erdnahe und der virtuelle Raum (die dabei angewendeten Methoden und Angriffsziele werde häufig unter dem Begriff des Cyberwar zusammengefasst) hinzugekommen. Gerade in den Anfangsphasen der Raumerschließung eignete sich die hier betriebene Kriegführung zur Mythologisierung und Verklärung. So bildete im Ersten Weltkrieg für den Schriftsteller Ernst Toller der Luftkrieg einen Fluchtpunkt, der ihm versprach, dass er sich hier den Niederungen des modernen Krieges entziehen könne. Nicht „aus Tapferkeit, nicht einmal aus Lust am Abenteuer", sondern damit er „aus der Masse ausbrechen [konnte], aus dem Massenleben, aus dem Massensterben", meldete er sich zum Fliegerkorps.[17] Tatsächlich waren die ersten Piloten häufig adelig, und in den ersten Kriegsjahren wurde die Vorstellung gepflegt, dass die Piloten wie Ritter gegeneinander kämpften, also quasi Zweikämpfe in der Luft führen würden. Diese Vorstellung wurde besonders mit der Figur des Jagdfliegers verknüpft. Allerdings stellte die Jagdfliegerei nur einen Teil der Luftstreitkräfte und der ritterliche Zweikampf war schon damals mehr Märchen als Realität. Aufklärung, Angriffe auf Bodenziele und die Erringung der Luftüberlegenheit durch Maschinen und technische Innovationen spielten im Luftkrieg eine entscheidende Rolle.

Gerade die Luftkriegsführung war und ist einem besonders scharfen Innovationsdruck ausgesetzt. Der Grund hierfür ist in der technischen Bedingtheit des Luftkriegs zu sehen. Technische Neuerungen schlugen und schlagen sich in neuen Flugzeugtypen und neuen Methoden der Kriegführung nieder. Die Innovationsdynamik war bereits im Ersten Weltkrieg sehr hoch und sie wirkte sich bereits vor dem Zweiten Weltkrieg buchstäblich durchschlagend auf den Bodenkrieg aus. Es ist vor allem die Überlegenheit westlicher Streitkräfte in der Luftkriegführung, die dazu geführt

17 Ernst Toller: *Eine Jugend in Deutschland.* Reinbek: Rowohlt 1983, S. 54.

hat, dass es nicht viele Armeen gibt, die sich Chancen im offenen Kampf gegen sie ausrechnen können. Für Bodentruppen ist heute der offene Kampf selbstmörderisch, wenn sie nicht den Luftraum über sich beherrschen können und der Gegner über eine große Luftstreitmacht verfügt. Die Folge einer solchen Asymmetrie ist das Ausweichen von Bodentruppen auf die Kampfweise der Guerilla. Dass westliche Interventionsstreitkräfte immer wieder gegen Guerillas kämpfen müssen, aber auch Bedrohungen gegenüberstehen, die landläufig als terroristisch bewertet werden, ergibt sich aus der technisch bedingten Überlegenheit der westlichen Streitkräfte in der Luft- und der Bodenkriegführung. Was es für einen militärisch zweit- bis drittklassigen Gegner bedeutet, gegen einen militärischen Gegner zu kämpfen, der über die avanciertesten Waffen*systeme* am Boden, zu Wasser und in der Luft verfügt, mussten unter anderen die irakischen Soldaten im 2. Golfkrieg (1991/92) und beim Einmarsch der USA und ihrer Alliierten im Jahr 2003 erleben.

Die heutige militärische Gewaltkultur, die sich zuerst in Europa entwickelte, ist auf den Staatenkrieg optimiert. Im Staatenkrieg zielen die Aktionen der Kriegsparteien auf eine möglichst schnelle Zerschlagung der gegnerischen Militärorganisation und -macht. Zumindest seit dem 19. Jahrhundert gilt das Gefecht bzw. die Schlacht als *die* Methode, den Gegner zu besiegen. Mit Blick auf die Kämpfe, die europäische Militärs außerhalb Europas seit dem 16. Jahrhundert führten, attestiert Dierk Walter den Militärs eine „Obsession […], die Schlachtentscheidung zu erzwingen: den Gegner zur Schlacht zu stellen und diese Schlacht so entscheidend, das heißt so vernichtend wie möglich zu gestalten."[18] Nicht erst in jüngster Zeit müssen die Soldaten europäischer oder auch US-amerikanischer Streitkräfte feststellen, dass viele ihrer Gegner sich dieser Form der Kriegführung entziehen, sei es, weil sie eine andere Gewaltkultur haben, sei es, weil sie sich keine Vorteile von einem auf diese Weise geführten Kampf versprechen.

Die westlichen Staaten geben heute, wie vor hundert Jahren, den größten Teil ihrer Militärausgaben für Rüstungsprojekte aus, die am ehesten für symmetrische Kämpfe zwischen Staaten geeignet sind. In den vergangenen Jahrzehnten wurden freilich die Soldaten in Regionen geschickt, in denen sie allenfalls für einen kurzen Zeitraum gegen die regulären Streitkräfte eines anderen Staats kämpfen mussten.

18 Dierk Walter: *Organisierte Gewalt in der europäischen Expansion*. Hamburg: Hamburger Edition 2014, S. 87.

In diesen Zusammenhang wird Ende der 1990er Jahre von „Neuen Kriegen“[19] gesprochen, womit unter anderem die Asymmetrie in der Kriegführung der Kriegsparteien betont werden soll. Von Seiten der Politikwissenschaften wird darauf hingewiesen, dass die Interventionen in einen Sicherheits- und Ordnungsdiskurs der jeweiligen Öffentlichkeiten eingebettet sind. Sofern die Interventionen in einen Krieg münden, handelt es sich also um Ordnungs- bzw. Sicherheitskriege. In den Geschichtswissenschaften wiederum wird seit einigen Jahren die Begrifflichkeit des Imperiums nicht nur im Hinblick beispielsweise auf das antike Römische Reich verwendet, sondern auch als Kategorie, die innerhalb des gegenwärtigen Staatensystems Gültigkeit beanspruchen kann. Mit Blick auf diese Kategorie weist Walter darauf hin, „dass die Welt der Gegenwart […] von der politischen, wirtschaftlichen, militärischen, rechtlichen und kulturellen Dominanz der Kernmächte des Westens geprägt ist.“[20] Durch diese Dominanz weise das heutige Weltsystem „eine imperiale Struktur, eine Machtbeziehung zwischen starken und schwachen Kollektiven, expansiven und dominanten Kerngesellschaften einerseits und strukturell von ihnen abhängigen Peripheriegesellschaften andererseits“[21] auf. Als moderne Imperien bezeichnet er „USA und Russland als auch […] global dominante […] überstaatliche Zusammenschlüsse […], die kollektiv in ihren Außenbeziehungen und Binnenstrukturen wie Imperien agieren“[22]. Die westlichen militärischen Interventionen „haben im Kern den Sinn, die Einbindung oder Wiedereinbindung […] periphere[r…] Gesellschaften in das globale System sicherzustellen und dessen Regeln (Völkerrecht) und Werte (Demokratie, Kapitalismus und Liberalismus) durchzusetzen.“[23] Dementsprechend gehören die heutigen Militärinterventionen zu einem spezifischen Konfliktmuster, das er summarisch als Imperialkrieg[24] bezeichnet und das insgesamt eine über fünfhundertjährige Geschichte aufweist. Vorzugsweise basierte die Hegemonie „auf der Zusammenarbeit mit indigenen Eliten […]“ und die formelle Kolonialherrschaft stellte

19 Die Rede von den „neuen Kriegen“ kam mit einem Buchtitel von Mary Kaldor auf, vgl. dies.: *New and Old Wars. Organized Violence in a Global Era.* Stanford: Stanford UP 1999.

20 Walter: *Organisierte Gewalt*, S. 10.

21 Ebd., S. 11.

22 Ebd., S. 12.

23 Ebd., S. 11.

24 Ebd., S. 22.

nur ein „Notbehelf" dar.[25] Der Aufbau von Kolonien wird sicher gegenwärtig nicht angestrebt.
Im Verlauf der militärischen Interventionen westlicher Militärstreitkräfte sehen sich die Soldaten mit einem Kampf- und Kriegsgeschehen konfrontiert, das sich sehr stark von dem unterscheidet, welches sie im Falle eines Staatenkrieges erwarten dürfen. Ihre Gegner tragen häufig keine Uniformen, sind also schwer von Nicht-Kombattanten zu unterscheiden, sie attackieren überraschend und vermeiden andauernde Gefechte. Attentate, z. B. durch Sprengfallen, kurzzeitiger Beschuss mit Granaten und Anschläge auf Einrichtungen der Interventen bzw. ihrer Verbündeten prägen das Geschehen. Und obwohl in all diesen Fällen der Begriff des Kampfes unangemessen scheint, sind solche Handlungen nicht in toto als terroristische Akte zu bezeichnen. Hier sei daran erinnert, dass der Kampf erst mit der Verteidigung beginnt.[26] Ein Krieg lässt sich deshalb auch als eine Abfolge von aufeinander bezogenen gewalttätigen Handlungen bezeichnen, also von Handlungen, denen ein asymmetrisches Verhältnis zwischen Handlungsmacht und Erleiden eingeschrieben ist. Um einen Kampf handelt es sich dann, wenn der Angegriffene oder die Angegriffenen über Mittel und den Willen verfügen, sich bewusst zur Wehr zu setzen. Ob sie in der Lage sind, auf den Angriff symmetrisch zu reagieren und das Kräfteverhältnis zwischen Angreifer und Angegriffenen ausgewogen ist, spielt dabei zunächst keine Rolle. Allerdings gehört es zur Vorstellung des Kampfes, dass die Reaktionen der Verteidiger zumindest potenziell in der Lage sein müssen, die Handlungen der Angreifer zu konterkarieren. Die Reaktionen der Verteidiger müssen für die Angreifer eine Gefahr darstellen, die sie ihrerseits zur Abwehr motiviert. Andernfalls handelt es sich nicht um einen Kampf, sondern um eine Misshandlung oder eine Vernichtungsaktion. Aus Raub und Mord kann, muss sich aber kein Krieg entwickeln. Andererseits gilt aber auch, dass terroristische Akte, also Handlungen, die in den Reihen des Gegners Schrecken verbreiten sollen, prägender Bestandteil eines Krieges sein können. Ohne einen Handlungskontext, der sich als militärischer Kampf beschreiben lässt, werden die terroristischen Akte Teil einer anderen Form politisch bestimmter Gewaltanwendungen. Mit ihnen wird der Gegner nicht gezwungen, die Kontrolle über einen bestimmten Raum aufzugeben. Auch

25 Ebd., S. 11–12.

26 Vgl. Clausewitz: *Vom Kriege*, S. 644.

die Angst und der Schrecken, der von den Taten ausgehen soll, zielt nur bedingt auf die unmittelbaren militärischen und politischen Gegner. Bei den durch Anschlägen Getöteten kann es sich zwar um Symbolfiguren, Repräsentanten des abgelehnten politischen Systems handeln, mit den Gewaltakten soll aber grundsätzlich auf Einstellungen und Denkweisen in einer Gesellschaft eingewirkt werden. Sie sollen also eine andere Politik *erzwingen*.

Der gegenwärtige Einsatz des Militärs als außenpolitisches Instrument ähnelt der Situation, wie sie vor dem Ersten Weltkrieg herrschte. Damals wie heute toben die Kriege in entfernten Regionen. Eine Mobilisierung für diese Kriege ist, im Unterschied zum Ersten Weltkrieg, nicht auszumachen. Die sozialen, ökonomischen und schon gar nicht die kulturellen Ressourcen der westlichen Staaten werden umfassend für den Kriegseinsatz mobilisiert. Selbst in den USA fand nach den Anschlägen 2001 keine Mobilisierung statt. Die Administration unter dem damaligen US-Präsidenten George W. Bush rief zwar zum ‚War on Terror' auf, aber zugleich forderte sie die US-Bürger und Bürgerinnen auf, zu ihrer Normalität zurückzukehren und ihr vorangegangenes Leben wieder aufzunehmen. Nicht Konsumverzicht, sondern Shopping sei die Devise.[27] Die Steuern wurden damals gesenkt, anstatt, wie dies ansonsten im Kriegsfall üblich ist, sie zu erhöhen.

Die Imperialkriege erfordern keine Wehrpflichtarmeen, sondern ein Berufssoldatentum. Deshalb durchläuft das deutsche Militär, soziologisch gesprochen, gegenwärtig eine neue Form der Professionalisierung. Man könnte auch von Modernisierung sprechen, da es sich ja um Prozesse der Differenzierung handelt. Auf einen Aspekt dieses Prozesses möchte ich kurz eingehen: auf den des Auseinandertretens von Zivilität und Militär. Beklagt wird von vielen Soldaten, die noch nach Anerkennung durch ihre zivile soziale Umgebung streben, dass die Öffentlichkeit sich desinteressiert zeige und dass sie Ablehnung in ihrem privaten Alltag spürten. Dies ist eventuell aber auch nur ein Übergangsphänomen. Professionalisierung kann nämlich auch bedeuten, dass Soldaten zukünftig nicht

27 Vor dem Kongress drückte George W. Bush ausdrücklich seinen Wunsch aus, dass die Bürgerinnen und Bürger ihre Routinen wieder aufnehmen sollen (die Rede vom 20. September 2001 ist Online dokumentiert unter http://tinyurl.com/cpxjw8t (Zugriff am 02.12.2015)). Der damalige Bürgermeister von New York wiederum erklärte am 1. Oktober 2001 vor den Vereinten Nationen das Shopping in New York als „a stand against terrorism" (http://tinyurl.com/o3vk2ps (Zugriff am 02.12.2015)).

nach mehr Anerkennung streben als Feuerwehrleute und Polizisten. Ein Grundproblem aber wird für sie bleiben: Ihr Einsatz ist mit Erlebnissen und Handlungen verbunden, die als traumatisch zu bezeichnen sind und die zugleich als außerordentlich legitimationsbedürftig erachtet werden.

Ein Kriegseinsatz bedeutet für die Soldaten immer wieder auch verstörende Erfahrungen von Sinnlosigkeit. Die Quellen für die erfahrene Sinnlosigkeit sind zahlreich. Soldaten, die beispielsweise von ihrem Kriegserlebnis Momente individueller Bewährung erwarten, in denen sie ihre individuellen Fähigkeiten in einen heroischen Einsatz einbringen können, müssen feststellen, dass sie lediglich ein austauschbares Teil eines großen Prozesses sind, der einem industriellen Fertigungsprozess ähnelt. Sinngebungen des Krieges, die versuchen ihn als individuelle Bewährungsprobe zu verstehen, die ganz anders sei als das, was die zivile Gesellschaft bereithält, wurden nicht nur im Ersten Weltkrieg immer wieder enttäuscht. Denn zur Industrialisierung des Kriegsgeschehens gehört, dass der Destruktionsprozess bürokratisch vorbereitet wird und zahlreiche Tätigkeiten der Soldaten analog zu Arbeitsprozessen in der Industrie sind. Allerdings mit dem entscheidenden Unterschied, dass die Prozesse auf Zerstörung und Tod abzielen. In den Dienststellen müssen Truppenbewegungen geplant, der Nachschub berechnet, Urlaubsscheine ausgegeben, Versetzungen beschlossen und Fortbildungen genehmigt werden; Dienstvorschriften müssen formuliert, verteilt und beachtet werden. Auch im Krieg gilt nicht nur für die Ausführung bürokratischer Vorgänge „die Herrschaft der formalistischen Unpersönlichkeit: sine ira et studio, ohne Hass und Leidenschaft, daher ohne ‚Liebe' und ‚Enthusiasmus', unter dem Druck schlichter Pflichtbegriffe"[28] als ideal.

Vielfältig sind die Belege, die aufzeigen, wie Patriotismus und ähnliches mehr allenfalls zu Beginn und nach ihrer aktiven Zeit dem Soldaten bzw. der Soldatin helfen, ihre Kriegserlebnisse in einen sinngebenden Deutungsrahmen zu stellen. So lässt Leo Ågren seinen Romanprotagonisten Leo Nilheim feststellen: „Je näher man der Front kommt, desto weniger Lust hat man, patriotische Reden zu halten."[29]

28 Max Weber: *Wirtschaft und Gesellschaft* [1922]. Tübingen: Mohr 1980, S. 129.

29 Leo Ågren: *Leo Nilheims Geschichte*. Hamburg: Osborn 2014, S. 63. In der Militärsoziologie wird diese Beobachtung in den Annahmen zur Bedeutsamkeit von Primärgruppen im Militär reflektiert, um zu erklären, weshalb Soldaten

Obwohl Kriege mit rationalem Kalkül vorbereitet werden und die Akteure beanspruchen, dass sie ihr Handeln bewusst und absichtsvoll vorantreiben, bleibt das Geschehen von Kontingenz geprägt. Der Tod ereilt die meisten Opfer zufällig und willkürlich. Soldaten erleben im Verlauf ihres Einsatzes häufig, dass Menschen allein deshalb verletzt oder auch getötet werden, weil sie einfach zu einem bestimmten Zeitpunkt am falschen Ort waren. Diese Feststellung kann sich auch auf das eigene Leben beziehen, wenn beispielsweise ein Fahrzeug, in dem sich ein Soldat befindet, eine Mine auslöst und er überlebt, während andere Insassen des Fahrzeugs sterben. Körperliche Fitness, persönliche Eigenschaften, Intelligenz, Wissen oder Erfahrung spielen keine Rolle, wenn Granaten und Bomben explodieren und Kugeln von automatischen Gewehren durch die Luft surren. Im Ersten Weltkrieg ließ Alexander Moritz Frey deshalb eine seiner Romanfiguren resümieren: „Der heutige Held – erleidet er nicht sozusagen immer nur Unfälle?“[30]

Auch der Einsatz von unbemannten, ferngesteuerten Fluggeräten, den Drohnen, die eine gesteigerte Visualität des Geschehens und eine erhöhte Zielgenauigkeit der Geschosse versprechen, die von diesen Maschinen abgefeuert werden können, hat hieran nichts Grundsätzliches geändert. Die meisten Menschen, die von Drohnen aus getötet wurden, sind keine Kombattanten.[31]

selbst in verzweifelten Situationen bei ihren Einheiten bleiben. Vgl. Morris Janowitz / Edward A. Shils: Cohesion und Disintegration in the Wehrmacht in World War II. In: *Public Opinion Quarterly* 12 (1948), S. 280–315. Im Allgemeinen wird in diesem Zusammenhang auch auf die Studien von Charles Moskos hingewiesen, der wiederum stark macht, dass gemeinsam geteilte Werte quasi die Basis für stabile Primärbeziehungen von Soldaten bilden. Charles C. Moskos: Eigeninteresse, Primärgruppen und Ideologie. Eine Untersuchung der Kampfmotivation amerikanischer Truppen in Vietnam. In: *Kölner Zeitschrift für Soziologie und Sozialpsychologie* Sonderheft 12 (1968): Beiträge zur Militärsoziologie, hrsg. v. René König, S. 199–220.

30 Alexander Moritz Frey: *Die Pflasterkästen. Ein Feldsanitätsroman* [1929]. Frankfurt: Fischer 1986, S. 64.

31 Das Verhältnis der getöteten Nichtkombattanten hängt stark von dem Einsatzszenario der Drohnen ab. Im Rahmen des Versuchs der CIA, militärische und politische Führungskader der Taliban und anderer Gegner in Pakistan zu töten, starben wohl besonders viele Zivilistinnen und Zivilisten. Eine Studie der Stanford und New York University aus dem Jahr 2012 geht für den Zeitraum von 2004 bis 2012 davon aus, dass lediglich zwei Prozent der Getöteten „militant leaders“ waren. Diese Prozentangabe bezieht sich auf fast 2.500 Tote. Vgl. http://chrgj.org/wp-content/uploads/2012/10/Living-Under-Drones.pdf (Zugriff am 02.12.2016).

Ob als Operateur einer ferngesteuerten Maschine, ob als Infanterist im Häuserkampf, für die Soldaten bleibt der Rechtfertigungsdruck für das Sterben und Töten als unauflösbare professionelle Herausforderung erhalten.

Der Krieg ist ein Chamäleon

Diese Aussage gilt bis heute. Sie gilt auch für den Krieg in Syrien, gerade weil hier ständig ein anderer Krieg zu beobachten ist. Die unbewaffneten Proteste im Frühjahr 2011 beantwortete die syrische Regierung mit Massakern an Demonstranten. Im weiteren Verlauf der Geschehnisse desertierten viele Soldaten der syrischen Armee und formierten den bewaffneten Aufstand, der bis heute weite Teile Syriens bestimmt. Begleitet war dieses Geschehen von der Neuformierung und vielleicht auch Aktualisierung der sozialen, kulturellen und religiösen Fragmentierungen der Gesellschaft und dem Engagement verschiedener auswärtiger Mächte. Es handelt sich um einen Krieg, der ausgehend von einem politischen Umwälzungsversuch zu einem ausufernden Krieg in der Region wurde und an dem sich regionale Mächte, wie Saudi-Arabien, der Iran und die Türkei, aber auch internationale Akteure wie Russland oder die USA und ihre europäischen Verbündeten beteiligen. Er wurde damit auch zu einem Imperialkrieg.

Für die Kämpfe in Syrien gilt wie für jeden Krieg, der auf industriellen Ressourcen basiert, dass er ohne eine ständige Zufuhr an Waffen, Munition, Ausrüstung und Soldaten nicht zu führen wäre. Da es im Gegensatz zum europäischen Kriegsschauplatz des Ersten Weltkriegs in der Region keine Rüstungsindustrie gibt, ist das Hinterland zum Transitgebiet für Rüstungsgüter und Soldaten bzw. Milizionäre geworden. Ressourcen, die sich innerhalb des Gebiets befinden, werden vor allem extrahiert und abtransportiert, womit die unterschiedlichen Akteure die Fortsetzung der Kämpfe finanzieren. Erhebliche Differenzen zwischen den bewaffneten Akteuren bestehen vor allem in ihrem Ausbildungsstatus und ihrer Ausrüstung. Soldaten sind sie allemal, auch wenn sie als Milizionäre bezeichnet werden.

Der Krieg scheint sich weitgehend in urbanen Gebieten eingegraben zu haben bzw. wird um ihre Beherrschung geführt. Die Bedeutung urbaner Gebiete[32] liegt zum einen darin, dass immer mehr

32 Dies scheint auch für die militärischen Auseinandersetzungen in der Ukraine zu gelten.

Menschen in urbanen Zonen leben. Zum anderen sind urbane Zonen sehr schwer zu beherrschen bzw. es ist schwer, hier ein permanentes Kontrollregime aufzurichten. Die waffentechnologischen Innovationen der vergangenen Jahrzehnte spielen in diesem Raum nur eine geringe Rolle, denn auf größere Feuerkraft kommt es innerhalb dieses Raums nicht an. Mit Flugzeugen kann man den Luftraum beherrschen, Panzer können durch Häuser fahren, durch den Einsatz von Bomben und Granaten lassen sich großflächige Areale zerstören. Sie können sehr viele Menschen verletzen und töten, doch durch sie lässt sich keine Herrschaft über die hier lebenden Menschen errichten. Urbane Zonen haben sich deshalb als ideale Kampfgebiete auch für technologisch weit unterlegene Gegner erwiesen. Militärisch sind diese Gebiete nur durch den Einsatz relativ vieler infanteristisch kämpfender Soldaten zu beherrschen, die sich aber gezwungen sehen, in einem Raum zu operieren, der unübersichtlich sein kann und Angreifern viele Möglichkeiten bietet, sie zu attackieren und sich zu verstecken.

Die syrische Armee verfügt zwar über eine Luftstreitmacht, setzt sie aber zum einen vor allem für Transporte ein und für Bombardierungen. Die gegnerischen Kombattanten, die sich in einer Stadt festgesetzt haben, können sie mit solchen Angriffen nicht zum Rückzug zwingen. Luftangriffe verursachen aber immer für Zivilistinnen und Zivilisten jeden Alters großes Leid, denn sie zerstören die Infrastruktur, die sie zum Leben benötigen, verletzen und töten sie. Die Luftangriffe haben darum den Charakter von Bestrafungen der widerspenstigen Bevölkerung.

Der Krieg tobt nun seit 2011 und ein Ende ist nicht absehbar. Für die Bevölkerung ist die Permanenz des Krieges eine Katastrophe. In den Kampfgebieten sind die zu erwartenden Zerstörungen festzustellen, die Ödnis und die Leere. Leer nicht zuletzt deshalb, weil die Bevölkerung aus den umkämpften Zonen fliehen musste. Sie sind überwiegend in andere Regionen des Landes (etwa 7,6 Millionen) geflohen. Über 4 Millionen Menschen haben das Land verlassen und suchen in den Nachbarstaaten, also vor allem im Libanon (1,2 Millionen), der Türkei (1,9 Millionen) und in Jordanien (650.000) Schutz vor dem Krieg.[33] Der UN-Sondergesandte für Syrien, Staffan de Mistura, ging im April 2016 davon aus, dass

33 Die Zahlenangaben sind dem Wikipedia-Artikel zum Bürgerkrieg in Syrien entnommen: https://de.wikipedia.org/wiki/B%C3%BCrgerkrieg_in_Syrien (Zugriff am 11.06.2016).

über 400.000 Menschen im Verlauf der Kämpfe getötet wurden.[34] Im Jahr 2014 hat sich das Kriegsgeschehen durch das Übergreifen der Kämpfe auf irakisches Gebiet und die verstärkten Kämpfe um kurdische Siedlungsgebiete im Norden Syriens und des Iraks weiter verschlechtert. Zur gleichen Zeit proklamierte die Miliz Islamischer Staat einen Staat, der Teile von Syrien und dem Irak umfasst.

Trotz der direkten Intervention der USA sowie einiger ihrer Verbündeten, zu denen in diesem Fall sogar der Iran gehört, dem Einsatz von Drohnen und anderen modernen Waffentechnologien, herrscht auf diesem Kriegsschauplatz zwischen den Kriegsparteien eine Pattsituation. Auch das direkte militärische Engagement Russlands seit Sommer 2015 zugunsten der syrischen Regierung und verstärkte Angriffe insbesondere westlicher Luftstreitkräfte auf die Stellungen, Fahrzeuge und Stützpunkte der Truppen des Islamischen Staats haben hieran nichts geändert. Die desaströsen Verhältnisse haben sich dauerhaft etabliert, weil die auswärtigen Mächte an dieser Pattsituation interessiert sind, denn jede Veränderung in der Region würde beinhalten, dass sie akzeptieren müssten, ihre eigenen politischen Ambitionen in der Region zumindest in Teilen aufzugeben. Derzeit scheint keine auswärtige Macht bereit zu sein, ein solches Scheitern zuzugeben.

Das Chamäleon Krieg wird deshalb, so ist zu befürchten, in dieser Region noch viele Entgrenzungen erfahren und weitere Metamorphosen durchlaufen.

34 Ebd.

Fatzers Aggregate
Am Nullpunkt des Jahrhunderts

Sebastian Kirsch

Fatzer lesen heißt, sich dem Nullpunkt des 20. Jahrhunderts auszusetzen, noch einmal und immer wieder. Aber es heißt auch – es muss heißen – zu fragen, wo wir uns eigentlich bewegen, wenn der Erfahrungsraum dieses Jahrhunderts sich spätestens seit der Epochenschwelle von 1989/1990 immer deutlicher schließt und versiegelt. Wie kann man sich heute ins Verhältnis zu den Ereignissen und natürlich zu den Schrecken des „kurzen Jahrhunderts" setzen, die in den rasanten Entwicklungen der Gegenwart immer häufiger angesehen werden wie sich entfernende Schemen im Rückspiegel? Oder präziser gefragt: Wie setzen diese Ereignisse sich ins Verhältnis zu uns, wie ragen sie ins 21. Jahrhundert hinein oder kommen uns vielleicht sogar wieder aus der Zukunft entgegen – ähnlich wie ja schon in Bertolt Brechts *Fatzer* die Geister aus Vergangenheit und Zukunft gleichermaßen kommen?[1] Die antike Bibliothek von Alexandria brenne für ihn noch immer, sagt Alexander Kluge,[2] und um einen solchen Blick geht es vermutlich auch bei Katastrophen, die uns historisch zwar ungleich näher sind und doch schon nicht mehr unserem Erfahrungsraum angehören: Noch da, wo man sich zeit-räumlich von ihnen getrennt wähnt, hinterlassen sie Kerben im Hier und Heute. Um derartige Wirkungen aber wahrnehmen zu können, muss man sich zunächst einmal darüber klar werden, was sich in der Tat historisch abschließt, was sich zurückzieht. Da ich das Wort „Erfahrungsraum" sehr konkret verstehen will, möchte ich mit einer Skizze der Räume und ihrer Verfasstheit beginnen, von denen das *Fatzer*-Material spricht, oder eher, um die sich seine Textsplitter legen und gruppieren wie Metallspäne um magnetische

1 Vgl. Bertolt Brecht: Fatzer. In: Ders.: *Werke. Große kommentierte Berliner und Frankfurter Ausgabe*, Bd. 10.1. Berlin / Frankfurt am Main: Aufbau / Suhrkamp 1997, S. 387–529, hier S. 465.

2 Vgl. zum Beispiel das Gespräch „Wie erkennt man einen Dämon?" mit Thomas Combrink aus dem Jahr 2004: http://www.kluge-alexander.de/aktuelles/details/artikel/wie-erkennt-man-einen-daemon-er-schwatzt-und-uebertreibt.html (Zugriff am 23.03.2016).

Zentren. Im zweiten Teil kann es dann um die Frage gehen, was geschieht, und auch, was sich fortsetzt, wenn diese Räume selbst unkenntlich werden.

1

Räume. Im Wesentlichen kann man in *Fatzer* drei Räume ausmachen. Da ist erstens das Niemandsland irgendwo an der Westfront, von dem gesagt wird, dass es eine „falsche Gegend"[3] sei. Hierher rollt der Tank mit Fatzer und den drei anderen Weltkriegssoldaten, die nach Verlassen des Panzers beschließen, den Krieg zu beenden und zu desertieren. Da ist zweitens die Stadt Mü(h)lheim, in der die vier untertauchen – man kann spekulieren: um nicht als Deserteure erschossen zu werden – und in der sie auf den ausbleibenden Aufstand der Bevölkerung gegen die Regierung warten – man kann wieder spekulieren: ein Aufstand, der ihre Desertion nachträglich legitimieren und einen Zustand beenden würde, in dem die vier als ‚Tote auf Urlaub' umherspuken. Es handelt sich um einen Raum, in dem vor allem organisiert werden soll: Nahrung für die Untergetauchten zunächst, ab einem gewissen Zeitpunkt aber auch der politische Aufstand, der von selbst nicht kommen will. Fatzer unternimmt hier seinen Rundgang, um Gestimmtheiten und Handlungsmuster der Bevölkerung, der Arbeiter und Soldaten zu erkunden. Und drittens ist da das Zimmer, die enge Mühlheimer Kellerwohnung Kaumanns, in der die vier unterkriechen und in der schließlich ihre Leichen liegen werden, warum auch immer. Es ist ebenso der Raum von Kaumanns sexuell ausgehungerter Frau, die in einem Strang der Entwürfe von Koch/Keuner zur Prostituierten gemacht wird, deren Freier beim Warten auf dem Gang mit Vorträgen aus dem *Kommunistischen Manifest* agitiert werden sollen. In diesem Raum stellt sich grundsätzlich die Frage nach Möglichkeit und Unmöglichkeit des Zusammenlebens, nach der (Un-)vereinbarkeit verschiedener Rhythmen, Bedürfnisse, Impulse und Affekte, die das Kellerloch unterschiedlichste, zum Teil nur angedeutete Gestaltungsansätze erfahren lassen, die sich irgendwo zwischen Räterepublik und WG im letzten Auflösungszustand bewegen.

Masse/Fleisch. Die drei Räume sind jeweils verbunden mit einer Erfahrung der modernen Masse, die als je andere Bedrohung bürgerlicher Individualität entziffert werden kann. An der Front ist es

3 Brecht: Fatzer, S. 388.

die nivellierende Erfahrung des Massen- und Maschinenkriegs. In der Stadt wiederum sind es vor allem die Verweise auf die fabrikmäßige Produktion von Nahrung in den Schlachthäusern, die von der modernen Masse sprechen; einmal zieht der Fleischer die Parallele zur fabrikmäßigen Produktion von Leichen auf den Schlachtfeldern. Kriegs- und Friedensökonomie greifen also im Motiv der fabrikmäßigen (Schlacht)Arbeit ineinander, ganz wie Ernst Jünger das 1932 im *Arbeiter* beschrieben hat[4] und wie es auch der entscheidenden Verschiebung des Ersten Weltkriegs entspricht, in dem jede Form von Produktion im Hinterland zur kriegswichtigen Handlung mutierte. Im Keller schließlich ist es die Sexualität, die mit der Erfahrung der Masse verbunden wird: in der Erkenntnis, dass es speziell einem sexuell bedürftigen Körper gleichgültig werden kann, von welchem anderen Körper er befriedigt wird – eine Einsicht, die den Sexualakt zur rein mechanischen Angelegenheit mutieren lässt. Die drei Massenerfahrungen sind im Bild des Fleisches verknüpft: Fleisch des „Menschenmaterials“ im Krieg (der Weltkrieg bringt nicht zufällig die Bezeichnung „Frontschweine“ für die Frontsoldaten hervor), Fleisch der Schlachttiere in der Stadt, Fleisch der sexuell begehrenden Körper im Keller.

Festkörper. Die drei Räume charakterisiert aber auch, dass sie wesentlich von Festkörpern geprägt sind. *Fatzer* zeichnet regelrechte Landschaften von zumeist überdimensionierten, undurchdringlichen Festkörpern, deren bedrängende Dichte Brechts lakonische Gedichtzeilen „Und nicht schlecht ist die Welt / sondern / Voll“[5] rechtfertigen können: Tank und Felsen,[6] Front und Stahlhelm kennzeichnen einen Krieg, dessen Kämpfer sich ihrerseits als Panzerkörper zu entwerfen beginnen: Als „Schwejk in härterem Material“[7] wird die Figur Büsching bezeichnet, während Kaumann als „Kesselschmied“[8] auftritt. Das immer wieder variierte Panzerbild des Anfangs scheint Brecht dabei so wichtig gewesen zu sein, dass er einen Anachronismus in Kauf genommen hat: Die ersten Tanks des Weltkriegs tauchten nämlich erst im Jahr 1917 auf, auf

4 Vgl. Ernst Jünger: *Der Arbeiter. Herrschaft und Gestalt*. Stuttgart: Klett-Cotta 2013.

5 Bertolt Brecht: Lesebuch für Städtebewohner. In: Ders.: *Werke. Große kommentierte Berliner und Frankfurter Ausgabe*, Bd. 11. Berlin / Frankfurt am Main: Aufbau / Suhrkamp 1988, S. 155–176, hier S. 159.

6 Brecht: Fatzer, S. 406.

7 Ebd., S. 387.

8 Ebd., S. 396.

englischer Seite zunächst, während der deutsche Panzer der vier *Fatzer*-Soldaten in manchen Entwürfen des Brecht-Fragments schon im zweiten Kriegsjahr in die „falsche Gegend“ rollt. Und tatsächlich kann man das Bild des gebärenden Panzers in gewisser Weise ein Emblem des 20. Jahrhunderts nennen: eine Konstellation, die im Umfeld des Weltkriegs zunächst die Modelle der „kalten persona“ gebiert, die (etwa bei Ernst Jünger) der Härte des Materials „standhalten“ wollen,[9] darauf abzielen, sich als Mensch-Maschine-Legierung auf der Höhe der modernen technischen Apparate zu bewegen, und ihre fatalste Ausprägung im Typus des „autoritären Charakters“ finden werden. Aber auch im weiteren Verlauf des Jahrhunderts kehrt die Mensch-Panzer-Legierung in Variationen beständig wieder, um jene Blutspur zu legen, deren Lektüre etwa Heiner Müllers Inszenierung *Duell/Traktor/Fatzer* von 1993 galt. Entsprechend weiten sich auch in *Fatzer* die Panzerkörper über die Kriegslandschaft hinweg auf Stadt, Zimmer und Zivilisten aus: Da sind die gigantischen Festkörper der Ruhrgebietsindustrie: die „Eisenbrücke“[10] und das „finstere Viereck zwischen Kränen und Eisenhütten“[11], die Festkörper der modernen Städte, „Städte aus Zement und Eisen“[12]; in der engen Kellerwohnung liegt in einem Entwurf ein Flugzeugmotor herum, der „sehr schwer“ ist und „nicht einfach fortgeschafft werden“ kann[13]; und schließlich sind es die Körper der vier Deserteure, der Frau und der Freier selbst, die die enge Kellerwohnung verstopfen.

Löcher. Die andere Seite all dieser Festkörper sind nun aber – und an dieser Stelle nimmt der Brecht-Text seine entscheidende Entwendung der Apparat-Utopien à la Jünger vor – die zahllosen Löcher, von denen das *Fatzer*-Fragment durchzogen ist und die seiner Form selbst entsprechen. Die falsche Gegend des Beginns ist als Mondlandschaft eine zerschossene Kraterlandschaft, aber auch eine Unterbrechung des Krieges selbst, durch die sich abhauen lässt, „weil da ein Loch ist“[14]; der Beschluss zur Desertion fällt, nachdem

9 Vgl. hierzu Helmut Lethens mittlerweile klassische Studie *Verhaltenslehren der Kälte. Lebensversuche zwischen den Kriegen*. Frankfurt am Main: Suhrkamp 1994.

10 Brecht: Fatzer, S. 390.

11 Ebd., S. 463.

12 Ebd., S. 389.

13 Ebd., S. 433.

14 Ebd., S. 401.

die vier Soldaten, auch als „Arschlöcher“[15] bezeichnet, durch das Loch des Panzerturms gekrochen sind, was eben mit einer zweiten Geburt gleichgesetzt wird. Die Kellerwohnung ist ein Loch, eine „Höhle mit Ratten“[16], in der Stadt muss man Nahrung besorgen, weil ein Körper letzten Endes nichts ist als ein „Loch, das nach Brot schreit“[17] (wie es zwar nicht in *Fatzer*, aber etwa im *Brotladen* heißt); und über die Bodenlosigkeit des Sexus, der die Einigkeit der Gruppe zersprengt, weiß Fatzer: „Das kriecht noch mit zermalmter Kniescheib auf ein behaartes Loch zu“[18]. Wenn aber die Festkörper sich emblematisch im Panzer verdichten, dann kann man sagen, dass die Löcher sich im Typus Fatzer selbst kristallisieren, der, als beständig desertierender „Egoist“ und „Asozialer“, der jedweden Plan, jede Form von disziplinierender Organisation zerlöchert, vielleicht sogar mit dem Loch selbst identisch ist. Das wiederum macht Fatzer zu jener ambivalenten Figur, mit der sich zwar desertieren lässt, die dann aber noch von der Desertion selbst desertiert.

Zusammengenommen ergibt sich also ein räumliches System von Masse und Fleisch, Festkörpern und Löchern, das man – was ich hier aus Platzgründen leider nicht ausführen kann – topologisch nennen könnte und das zugleich auf wesentliche ‚Loch‘-Medien und -Techniken der modernen Kriegführung (Maschinengewehr) und der entstehenden Massenkultur (Kino) verweist. Dieses System entspricht nun bei genauem Hinsehen sehr genau der Organisation der Disziplinargesellschaften, die Michel Foucault analysiert hat und die Gilles Deleuze zufolge im frühen 20. Jahrhundert ihren historischen Höhepunkt erreichten.[19] Es nimmt also nicht Wunder, dass sich *Fatzer* vorwiegend an disziplinierenden Maschinen und Apparaten abarbeitet, die als „mechanisch“[20] bezeichnet werden und die letztlich mit der Logik von Institutionen wie Militär und Fabrik sowie ihren geschlossenen symbolischen Milieus korrespondieren. Konsequenterweise erscheint der Krieg als gigantische

15 Brecht: Fatzer, S. 405.

16 Ebd., S. 416.

17 Vgl. Bertolt Brecht: Der Brotladen. In: Ders.: *Werke. Große kommentierte Berliner und Frankfurter Ausgabe*, Bd. 10.1, S. 565–659, hier S. 598.

18 Brecht: Fatzer, S. 501.

19 Vgl. Gilles Deleuze: Postskriptum über die Kontrollgesellschaften. In: Ders.: *Unterhandlungen 1972–1990*. Frankfurt am Main: Suhrkamp 1993, S. 254–262.

20 Brecht: Fatzer, S. 495.

„Hackmaschine"[21], die mit „Hebeln"[22] bedient werden muss, während der Asoziale Fatzer, wie es einmal heißt, „nur das [tut], wozu er Lust hat"[23], und erklärt: „Ich bin gegen eure mechanische Art / Denn der Mensch ist kein Hebel"[24].

Das „Furchtzentrum" des *Fatzer* und damit von Brechts Schreiben überhaupt besteht nun darin, dass der Asoziale den großen disziplinierenden Formationen und Organisationen nicht nur einfach als zersetzende oder eher perforierende Kraft entgegensteht, sondern dass er gerade mit seiner Loch-Kraft immer auch ein integraler Bestandteil dieser Organisationen selbst ist. In *Fatzer* wird das vor allem in der Einsicht verdichtet, dass es eine abgründige Lust daran gibt, eingeteilt zu werden, eine „ungesunde Lust / Wie Räder zu sein"[25]; dass also gerade die asozialen Kräfte, Energien und Impulse sich im Sinn der disziplinierenden Apparate bündeln und benutzen lassen, die ohne sie einfach nur tote Mechanik blieben. „Eingeteilt zu werden ist ihnen gleiche Lust als für Weiber gevögelt werden"[26], heißt es einmal über die mögliche libidinöse Aufladung disziplinierender Formationen, und eben darum gehört die Sexualität in *Fatzer* zu den skandalösesten Spaltkräften überhaupt, die Organisation und Disziplin gleichermaßen zersetzt wie ermöglicht. Aus dieser Ambivalenz folgen letztlich die unlösbaren Probleme von Kollektivierung und Singularität, die in die von Heiner Müller exponierte Pattsituation „Fatzer ± Keuner" münden.[27] All die Figuren und Gesten der Desertion, des Verrats und der Flucht, aber auch des Einverständnisses, des Ja-Sagens und der Subversion als Überaffirmation resultieren daraus, die gesamte Abarbeitung an den Aporien der Gründung und der „Verabgründung", die sich unter dem Stichwort des „konstruktiven Defaitismus"[28] diskutieren lassen und deren Hintergrund die Wirkmacht der disziplinierenden Regelwerke im 20. Jahrhundert ist.

21 Ebd., S. 473.

22 Ebd., S. 474.

23 Ebd., S. 464.

24 Ebd., S. 495.

25 Ebd., S. 463.

26 Ebd., S. 473.

27 Vgl. Heiner Müller: Fatzer ± Keuner. In: Ders.: *Rotwelsch*. Berlin: Merve 1982, S. 140–149.

28 Vgl. hierzu Nikolaus Müller-Schöll: *Das Theater des ‚konstruktiven Defaitismus'. Lektüren zu einem Theater der A-Identität bei Walter Benjamin, Bertolt Brecht und Heiner Müller*. Frankfurt am Main: Stroemfeld 2002.

2

Deleuze hat den Raum der Disziplin mit einem „Maulwurfsbau"[29] verglichen – was in der Tat ein anderer Name für die Lochwelt des *Fatzer* mit ihren Gräben, ihren Unterschlüpfen im Untergrund und ihren Kellerwohnungen sein könnte (wie für das Ruhrgebiet überhaupt). Nun stellt sich aber die Frage, ob die Auseinandersetzung mit den mechanischen Ordnungen, mit den Ordnungen der Disziplin, nicht längst mit Entwicklungen konfrontiert werden muss, die uns immer deutlicher in einen historischen und technischen Raum eintreten lassen, der sich von der Löcherwelt des Fatzer'schen „Maulwurfsbaus" erheblich unterscheidet. Es geht um die Frage, wie sich der Erfahrungsraum ändert, wenn die geschlossenen Disziplinarmilieus sich wie von selbst zerlöchern und allenfalls noch ihre eigene Agonie verwalten, wenn die Institutionen alten Typs auf allen Ebenen in die viel ungreifbarere Form des Unternehmens übergehen und wenn insgesamt eine sehr andere Maschinenwelt auftaucht, die im krassen Unterschied zu den sich in Größe und Ausdehnung gegenseitig übertrumpfenden Riesengerätschaften des frühen 20. Jahrhunderts immer mikroskopischer wird. Mit anderen Worten, es geht um jenen Prozess, den Deleuze in seiner einflussreichen Skizze aus dem Jahr 1990 als Übergang von Disziplinargesellschaften älteren Typs zu gegenwärtigen „Kontrollgesellschaften" skizziert hat. So heißt es bei Deleuze etwa:

> Die Fabrik war ein Körper, der seine inneren Kräfte an einen Punkt des Gleichgewichts brachte, mit einem möglichst hohen Niveau für die Produktion, einem möglichst tiefen für die Löhne; in einer Kontrollgesellschaft tritt jedoch an die Stelle der Fabrik das Unternehmen, und dieses ist kein Körper, sondern eine Seele, ein Gas.[30]

An dieser Stelle möchte ich zwei Bemerkungen einschieben. Erstens kann man sicherlich von einem „Übergang" zwischen zwei Gesellschaftstypen sprechen, doch ist es kurzschlüssig, das im Schema einer einfachen Ablösung zu tun. Eher muss es um ein Schichtenmodell gehen, um die Frage, wie die beiden Organisationstypen Disziplin und Kontrolle mit-, gegen- und ineinander wirken, auch wenn der eine Typ sich immer weiter zurückziehen und der andere sich immer weiter aufblähen mag. Darum greift es zweitens zu kurz, sich in der Thematisierung der Kontrollformationen lediglich auf die Gegenwart des 21. Jahrhunderts zu konzentrieren, auch

29 Deleuze: Postskriptum über die Kontrollgesellschaften, S. 262.
30 Ebd., S. 256.

wenn die Evidenz alltäglicher Erfahrungen dazu verleiten mag. Doch tatsächlich spannt bereits Deleuze einen wesentlich größeren Zeitraum auf, etwa wenn er schreibt, dass „Kafka [...] schon an der Nahtstelle der beiden Gesellschaftstypen stand“[31], was sich unter anderem in den beiden je unterschiedlichen institutionellen Zugriffsformen auf den Einzelnen zeigt, die in *Der Prozess* und *Das Schloss* geschildert werden. In Analogie dazu lässt sich nun aber auch fragen, wo das „neue Monster“[32] der Kontrollmächte sich bereits in der Weltkriegserfahrung – und vielleicht auch in Brechts Schreiben – ankündigt.

Auch hier möchte ich wieder sehr konkret sein und in Deleuzes Rede von der „Gasförmigkeit“ der Kontrollformationen mehr als die Metapher sehen, die sie gleichwohl auch ist. Zum metaphorischen Gebrauch wäre immerhin anzumerken, dass man von Gasförmigkeit sicher auch im Kontext von Brechts asozialem Fatzer-Typus sprechen kann, der stets entweicht, nicht zu fassen ist und der überhaupt an die zergehenden Wolkengesichter denken lässt, die Brechts frühe Bildwelt prominent durchziehen. Mit anderen Worten: Fatzer ist keineswegs nur Loch, er ist auch Gas, und das bedeutet, dass auch er sich ‚schon' an einer Nahtstelle zwischen zwei Gesellschaftstypen und zwei Aggregatzuständen befindet. Mit Blick auf Brechts Schreiben und dann auf seine Fort-Schreibungen in Praxis und Theorie lässt sich hinzufügen, dass diese Nahtstelle sich heute immer deutlicher zur Kluft zwischen zwei heterogenen kritischen Ansätzen weitet: Zwischen solchen Ansätzen nämlich, die vorwiegend auf Strategien der Unterbrechung setzen und dabei mit einer irreduziblen anfänglichen Negativität operieren, die nicht mehr teleologisiert werden soll, und solchen, die stärker die vorgängige Unendlichkeit der Werdensprozesse fokussieren, von ihnen ausgehen, mit ihnen beginnen. Was hier letztlich zur Debatte steht, ist das Verhältnis zwischen den Quasi-Transzendentalismen in ihren verschiedenen Spielarten und dem Denken der Immanenz – ein Problem von solcher Komplexität freilich, dass ich es an dieser Stelle lediglich als ungelöstes benennen kann, um mich von hier aus dem nicht-metaphorischen Aspekt der Rede von der „Gasförmigkeit“ zu widmen. Denn dieser lässt sich in der Tat mit einer Lesart des Ersten Weltkriegs als dem ersten Gaskrieg verknüpfen, wie sie Peter Sloterdijk in einem 2002 erschienenen Essay mit dem

31 Ebd., S. 257.
32 Ebd., S. 255.

Titel *Luftbeben. An den Quellen des Terrors*[33] versucht hat und die mir darum interessant scheint, weil sie an entscheidender Stelle über die prominenten Beschreibungen des Ersten Weltkriegs als eines Exzesses der Disziplinarmaschinerie auf der einen Seite und der schockartigen Erfahrung der Bedingungen des modernen Massenzeitalters auf der anderen hinausweist.

Hier in Paraphrase jene Weltkriegsszene, die für Sloterdijk eine „Urszene" gerade nicht nur des 20. Jahrhunderts ist:

> Im April 1915 bauten deutsche Soldaten im Frontabschnitt des nördlichen Ypern-Bogens, unbemerkt von den feindlichen französisch-kanadischen Infanteriestellungen, Tausende von versteckten Gasflaschen zu Batterien eines bis dato unbekannten Waffentyps auf. Als am 22. April ein günstiger Nord-Nordostwind vorherrschte, öffnete um 18 Uhr ein eigens eingerichtetes „Gasregiment" unter dem Kommando von Oberst Max Peterson 1600 große und 4130 kleinere mit Chlor gefüllte Flaschen. Durch dieses sogenannte „Abblasen" breiteten sich circa 150 Tonnen Chlor zu einer Gaswolke von etwa 6 Kilometern Breite und 600 bis 900 Metern Tiefe aus, von deren Entfaltung über der Ypern-Front eine Luftaufnahme existiert. Mit einer Geschwindigkeit von 2 bis 3 Metern pro Sekunde trieb die Wolke gegen die französischen Stellungen, wo gegen 18 Uhr 20 ein Offizier dem General Jean-Jules Henry Mordacq das Auftreten ungeheurer gelblicher Rauchwolken meldete. Mordacq, der das anfangs bezweifelte, machte sich mit seinen Adjutanten zu Pferde auf, um die Frontsituation selbst zu beschauen; bald traten bei ihm und seinen Begleitern Atemnot, schweres Ohrensausen und Hustenreiz auf; dann kamen ihnen haufenweise Soldaten in Panik entgegengelaufen, die Blut spuckten und nach Wasser riefen, mit geöffneten Waffenröcken. Einige wälzten sich bereits am Boden und rangen vergeblich nach Luft. Gegen 19 Uhr war eine sechs Kilometer breite Bresche in der Front entstanden, durch die deutsche Soldaten nachrücken und Langemarck besetzen konnten.[34]

Luftbeben gehört zum Umfeld von Sloterdijks *Sphären*-Projekt, das unter anderem eine Zivilisationsgeschichte als Geschichte von Raumbezügen und -vielheiten sein möchte. Vor diesem gedanklichen Hintergrund kann Sloterdijk sagen, dass sich im Gasangriff des 22. April 1915 eine technische Signatur zum ersten Mal in Gänze zeigte, die seither „mit zunehmender Deutlichkeit in Erscheinung" getreten sei, und zwar unabhängig von der Tatsache, „dass das unselige 20. Jahrhundert sich heute anschickt, als das ‚Zeitalter der Extreme' in die Geschichtsbücher einzugehen

33 Peter Sloterdijk: *Luftbeben. An den Quellen des Terrors.* Frankfurt am Main: Suhrkamp 2002.

34 Ebd., S. 7–9.

und vom Inaktuellwerden seiner Kampflinien und Begriffe dahingerafft wird."[35] Sloterdijk wagt sogar die These, dass

> die großen Desaster des 20. Jahrhunderts, wie des beginnenden 21., [...] ausnahmslos [...] in die Explikationsgeschichte dessen gehören, was an jenem Aprilabend an der Westfront begann, als die überraschten französisch-kanadischen Einheiten unter dem Eindruck der weißgelblichen Gaswolke, die von Nordosten her auf sie zukroch, in panischem Entsetzen hustend und schreiend zurückwichen.[36]

Der entscheidende Umstand, das folgenschwere „technische Muster" des Gaskriegs, sei dabei in der „Einführung der Umwelt in den Kampf der Kontrahenten" zu erblicken.[37] Was hier mit „Umwelt" gemeint ist, ist nun aber gerade nicht identisch mit den dekonstruierbaren Regelwerken und symbolischen Umgebungen der Disziplinarmilieus älteren Typs. Es geht um eine umfassendere Ebene: um die „Ersetzung klassischer Kampfformen durch Attentate auf die umweltlichen Lebensvoraussetzungen des Feindes"[38] und in diesem Sinn um eine seit 1915 immer ausgreifendere militärische Taktik, die „nicht mehr auf den Körper eines Feindes, sondern auf dessen Umwelt"[39] zielt. Diese Taktik sei zwar, so Sloterdijk, durchaus schon früher bekannt gewesen – man kann etwa an Brunnenvergiftungen denken, an Verpestungsattentate auf belagerte Festungen, aber auch an anderweitige Vergiftungen von Atmo-Sphären, zum Beispiel durch Rufmord und Verbreitung von Horrorgerüchten. Doch erst mit den Gasangriffen des Weltkriegs sei ein technischer Status erreicht worden, der „das Prinzip des Angriffs auf die Umwelt und die Immunverfassung eines Organismus oder einer Lebensform in vollendeter technischer Explizitheit zur Darstellung"[40] bringe. Der Weltkrieg hebt systematisch „die Unterscheidung zwischen Gewalt gegen Personen und Gewalt gegen Sachen von der Umweltseite her auf: er ist Gewalt gegen jene menschen-umgebenden ‚Sachen', ohne welche die Personen nicht Personen bleiben können."[41]

Sloterdijk bezeichnet einen Kampf, der auf Atmosphäre und lebensnotwendige Umgebung von Subjekten und Organismen

35 Ebd., S. 11.
36 Ebd., S. 28.
37 Ebd., S. 11.
38 Ebd., S. 14.
39 Ebd., S. 12.
40 Ebd., S. 27–28.
41 Ebd., S. 23.

zielt und dabei vermeintlich selbstverständliche und unaufhebbare Gewohnheiten wie Atmen und Luftholen in Vernichtungswaffen verwandelt, als im eigentlichen Sinn terroristisch, genauer: als „atmoterroristisch". Anhand dieser Begriffsschöpfung zeichnet er nach, wie seit dem frühen 20. Jahrhundert zunehmend Atembedingungen, lebenswichtige Umgebungen und klimatische Atmosphären im weitesten Sinn zu eigentlichen militärischen Angriffszielen geworden sind. Dabei macht er drei große Eskalationsstufen einer Terrorgeschichte aus, in der Kriegs- und Friedensökonomie ebenso heillos ineinander verwickelt sind wie Rüstung, Justiz und Medizin, Umwelt- und Klimaforschung, aber auch Werbung und Design. Bis 1945 steht dabei der kriegerische Einsatz von Gas selbst im Zentrum, mit allen bekannten historischen Implikationen. Die Geschichte des „Atmoterrors" setzt sich 1945 fort im Abwurf der Atombomben über Hiroshima und Nagasaki. Mit diesem Ereignis tritt die Luftwaffe in die atmoterroristische Kriegführung ein (während der Umweltkrieg sich bis 1945 weitgehend am Boden gehalten hatte, obwohl die Ausweitung sich bereits in den Bombenteppichen und Feuerstürmen von Guernica, Coventry und anderen Städten andeutet). Zugleich kommt mit der atomaren Waffe eine unabsehbare Ausdehnung atmoterroristischer Vergiftung in der Zeit hinzu. Vor allem aber wird mit den allesdurchdringenden radioaktiven Strahlen eine „neue Tiefenstufe in der Explikation des menschlich relevanten Atmosphärischen"[42] aufgeschlossen. Diese neue „Qualität" prägt den Kalten Krieg, dessen Ende 1990 zwar das „Abklingen der nuklearen Einschüchterung"[43] mit sich bringt, jedoch gerade nicht das Ende atmoterroristischer Sphäreneroberungen bedeutet. Sloterdijk sieht vielmehr einen Neubeginn seit den 1990er Jahren, den er mit zwei Beispielen aus der US-amerikanischen Militärforschung illustriert: Zunächst mit einem Strategiepapier des Pentagons aus dem Jahr 1996, das den Titel *Wetter als Kampfkraftmultiplikator: Wetterherrschaft im Jahr 2025* trägt.[44] Die Autoren dieses Papiers

> gehen davon aus, dass es in dreißigjähriger Entwicklungszeit gelingen wird, die Ionosphäre als eine der für die menschliche Wahrnehmung unsichtbaren Komponenten der äußeren physikalischen Erdhüllen in kriegsrelevanter

42 Sloterdijk: *Luftbeben*, S. 57.

43 Ebd., S. 63.

44 Inzwischen findet man den Originaltext im Internet unter http://csat.au.af.mil/2025/volume3/vol3ch15.pdf (Zugriff am 23.03.2016).

Weise beherrschbar zu machen, vor allem durch die willkürliche Produktion und Beseitigung von gewittrigen Wetterverhältnissen, die dem Besitzer der Ionosphärenwaffe die Schlachtfeldkontrolle garantieren.[45]

Die dabei anvisierte Wetterwaffe umgreift nach jetzigen Antizipationen unter anderem: „die Aufrechterhaltung oder Trübung von Sicht im Luftraum; Hebung und Senkung der Moral von Truppen; Gewitterverstärkung und Gewittermodifikation; Verweigerung von Regenfällen über gegnerischen Territorien und Herstellung künstlicher Trockenheit."[46] Und zweitens nennt Sloterdijk das (seit Juni 2014 beendete) HAARP-Programm in Alaska, das der Arbeit an einer Wellenwaffe galt, mit der sich gewaltige physikalische Wirkungen bis hin zur Auslösung von Klimakatastrophen, Erdbeben, Tornados und Tsunamis in ausgewählten Zielgebieten hervorrufen lassen sollten.[47] (Tatsächlich wurde dem US-Parlament 2006, vier Jahre nach Sloterdijks Text, ein Gesetzesantrag vorgelegt, mit dem der experimentellen Wetterveränderung eine legale Grundlage verschafft werden sollte und der vorerst abgelehnt wurde.) Wie immer in solchen Fällen haben derartige Forschungen eine zivile Seite: diesmal die Erkundung klimatischer Eingriffsmöglichkeiten, um dem vielbeschworenen Klimawandel entgegenzuwirken.

3

Nun malt Sloterdijks Essay aus dem Jahr 2002 zwar alle möglichen atmoterroristischen Szenarien aus, doch seine Terrordefinition will ausgerechnet auf ein Szenario nicht recht passen: auf jene Flugzeugattacken nämlich, mit denen einige Monate zuvor das New Yorker World Trade Center zerstört worden war. Tatsächlich würde ich die These wagen, dass dieser 11. September zumindest teilweise noch einmal auf das Kriegsmodell der übergroßen Apparate verwiesen hat, das die überwältigende Erfahrung des Ersten Weltkriegs ausmachte und das die Modelle der Mensch-Apparat-Legierung generieren konnte. Das zeigt sich etwa in der Nähe dieses Attentats zu jener Bemerkung, die sich in Ernst Jüngers Essay *Über den Schmerz* von 1934 findet: „Heute lassen sich Flugzeuge als Lufttorpedos konstruieren, mit denen man aus großer Höhe im gezielten Absturz die Lebensknoten des feindlichen Widerstandes

45 Sloterdijk: *Luftbeben*, S. 64.

46 Ebd.

47 Ebd., S. 67.

zerstört."[48] – eine recht genaue Vorwegnahme dessen, was 2001 in New York geschah.
Aus der historischen Diskrepanz zwischen diesen beiden Modellen dürfte sich darum auch Sloterdijks skandalisierte Einschätzung der Attentate von 2001 ableiten: als „Zwischenfall in amerikanischen Hochhäusern", der „zu den schwer wahrnehmbaren Kleinzwischenfällen" gehöre[49] – wobei aus dieser Formulierung natürlich eine zynische Abgeklärtheit spricht, die sich aus eben jenem teleologischen Ablösungsmodell speist, das ich oben problematisiert habe. Auch darum finde ich wichtig zu betonen, dass es statt um Überwindungen hier um ein Denken der Kräfteverhältnisse zwischen verschiedenen Organisationstypen, Subjektivierungsmodellen und letztlich zwischen Zeitschichten gehen muss, selbst wenn diese Schichten immer weiter auseinanderdriften mögen. Ein solches Gespür für Zeitschichtungen anstelle von Zeitfolgen zu entwickeln, scheint mir nun aber eine besondere Möglichkeit des Theaters zu sein. Zum Abschluss darum zwei Bemerkungen, die noch einmal auf das Theater und auf Brecht führen.

Zum einen: Wenn das, was Sloterdijk „Atmoterror" nennt und als eine mögliche Figur zeichnet, mit der das 20. ins 21. Jahrhundert ragt, nicht mehr auf das Subjekt zielt und auch nicht in den symbolischen Milieus sitzt, sondern in radikalerer Weise auf den Grund, auf die Umwelten, auf die Umgebungen zugreift, ohne die kein Subjekt sein kann, dann heißt das auch, dass es hier um eine Zone geht, die am äußersten Rand des europäischen Gedächtnisses, im antiken griechischen Theater, mit der Figur des Chors bezeichnet war. Und zwar mit dem Chor in jenem Sinn, den Ulrike Haß meint, wenn sie ihn als eine Figur des „Schon da" definiert, die nicht nur als Umgebung des Protagonisten fungiert, sondern die auch den Auftritt jedweder protagonistischen Figur in Form einer „Raumspende" überhaupt erst ermöglicht.[50] Atmoterror zielt demnach auf die radikale Rücknahme der chorischen Raumspende, überspringt dabei gewissermaßen die Ebene eines vermittelnden

48 Ernst Jünger: Über den Schmerz. In: Ders.: *Sämtliche Werke*, Bd. 7. Stuttgart: Klett-Cotta 1980, S. 143–191, hier S. 161.

49 Vgl. „Philosophen sind Schaumdeuter." Interview mit Peter Sloterdijk. In: *Welt am Sonntag*, 20.01.2002. http://www.welt.de/print-wams/article599914/Philosophen-sind-Schaumdeuter-I.html (Zugriff am 23.03.2016).

50 Vgl. hierzu u. a. Ulrike Haß: Woher kommt der Chor. In: *Maske und Kothurn* 58,1 (2012), S. 13–30.

Anderen und entfesselt insgesamt eine totale Vernichtungskraft, die mit den einzelnen Subjekten noch den chorischen Grund selbst verwüstet. Historisch ist diese katastrophale Entwicklung durch ein Vergessen des chorischen „Schon da" und durch die Isolierung eines sich für autonom erklärenden protagonistischen Einzelwesens ermöglicht worden, die sich als gesellschaftlicher Prozess im Prinzip bereits mit der Verfestigung der griechischen Polis vollzog und auf dem Theater bei Euripides vollendet war. An dieser Leerstelle haben in der europäischen Geschichte die verschiedensten Techniken, Industrien und Bevölkerungsprogramme ansetzen können. Erst die technische Entwicklung des vorigen Jahrhunderts hat jedoch die Zugriffsmöglichkeiten auf den chorischen Grund in einer Weise gesteigert und systematisiert, die zuvor unvorstellbar gewesen ist. Was seitdem als tiefgreifende Krise des Subjekts erfahren wird, sofern dieses entlang der Protagonistenform modelliert ist, bedeutet insofern nichts anderes als die Tatsache, dass immer weitere Tiefenschichten des unendlich verzweigten chorischen Grundes technologisch besetzbar, ausbeutbar, zu militärischen und industriellen Angriffszielen geworden sind.

Zum zweiten: Mit Sloterdijk lässt sich die Bewegung, durch die der Grund des Subjekts in Beschlag genommen werden kann, auch so beschreiben, dass es darum geht, Harmlosigkeiten in Kriegsgebiete zu verwandeln. Atmoterror setzt an scheinbar selbstverständlichen Vorgängen und Abläufen an und muss sie darum zunächst einmal als etwas erkennen und behandeln, das alles andere als selbstverständlich ist – zum Beispiel die Möglichkeitsbedingungen des Atmens, das wir im Normalfall so automatisiert betreiben, dass es uns kaum auffällt. Das aber ist bei genauem Hinsehen nichts anderes als die Situation, auf die im 20. Jahrhundert Brechts Verfremdungs-Begriff zu antworten suchte – ein Begriff mithin, der den bekannten Brecht-Klischees, Karikaturen und Verharmlosungen von dieser Seite her neu zu entwinden wäre. Anders formuliert: Will man die Bewegung auf den Punkt bringen, die spätestens mit den technischen Umwälzungen des 20. Jahrhunderts eingesetzt hat und die nicht abgeschlossen ist, dann kann man sagen: Dieses Jahrhundert hat in einer gewaltigen und gewalttätigen Umkehrung auf allen Ebenen damit begonnen, dasjenige als Vordergrund zu behandeln, was lange Zeit als Hintergrund erscheinen konnte. In dieser Umkehrungsbewegung arbeitet Verfremdung wie ein Gelenkstück. Ein entscheidendes Verbindungsglied zwischen dem Verfremdungsbegriff und der Erkundung (atmo)sphärischer Hintergründe findet sich dabei im Modell des „Planetariums" als „Theater des wissenschaftlichen Zeitalters", das Brecht in seinem Text *K-Typus und P-Typus in der Dramatik* einführt[51] und das eine der Stellen in seinem Schreiben ist, die am deutlichsten auf seine Aufmerksamkeit für die atmoterroristischen Ausweitungen des 20. Jahrhunderts verweist.[52] Es ist ein Modell, dass davon ausgeht, dass wir bei aller verfremdenden Distanzsuche ‚mittendrin' sind und uns also inmitten dieser gewaltigen Umkehrung zurechtfinden müssen, ähnlich wie bereits Fatzer es mit einem seiner zwar ratlosesten, aber auch schönsten Verse sagt:

> So sitzend
> Zwischen noch nicht und schon nicht mehr
> Glaub ich nicht, was ich denk!
> Sicher ist's ein Irrtum, schon morgen
> Klar! Warum also / heut reden?[53]

51 Bertolt Brecht: K-Typus und P-Typus in der Dramatik. In: Ders.: *Werke. Große kommentierte Berliner und Frankfurter Ausgabe*, Bd. 22.1. Berlin / Frankfurt am Main: Aufbau / Suhrkamp 1993, S. 387–389.

52 Aus Platzgründen muss ich mich hier auf diesen einen Hinweis beschränken. Insgesamt lässt sich allerdings fragen, ob es in Brechts Theaterentwurf kritische Aspekte zu entdecken gibt, die über seine Legierung mit einer (post)heideggerianischen bzw. dekonstruktiven Gründungskritik hinausgehen, wie sie exemplarisch von Hans-Thies Lehmann und Nikolaus Müller-Schöll durchgeführt worden ist. Dabei liegt das Problem darin, dass die entsprechenden „textuellen" Ansätze zwar disziplinäre Gesellschaftsstrukturen oder auch Techniken im Sinne des Heidegger'schen „Gestells" zu reflektieren vermögen, dass ihnen aber bei genauem Hinsehen eben jene Entwicklungen entgehen, die unter Stichwörtern wie „Kybernetisierung", „Gouvernementalität" oder „Kontrollgesellschaft" zu verhandeln wären. Ausführlicher widme ich mich dieser Problematik in meinem Habilitationsprojekt mit dem Titel „Jenseits des Ödipus".

53 Brecht: Fatzer, S. 440.

Von Fatzer zu Shepherd
Kriegsdienstverweigerung und Flüchtlingsanerkennung

Nora Markard

Bewaffnete Konflikte sind einer der Hauptgründe weltweit, warum Menschen aus ihrer Heimat fliehen – sowohl innerstaatlich wie auch grenzüberschreitend. Sie fliehen vor Not und Elend, vor Querschlägern und direkten Angriffen und vor der Zwangsrekrutierung durch staatliche Armeen, Paramilitärs und Rebellengruppen. 2009 ging der UN-Generalsekretär davon aus, dass aufgrund von bewaffneten Konflikten weltweit ca. 26 Mio. Menschen innerstaatlich vertrieben waren und weitere 11 Mio. ihr Heimatland ganz verlassen mussten.[1] Ein Rechtsproblem ist das erst, seit es Grenzkontrollen und Pässe gibt – erst seitdem ist es nicht mehr ohne weiteres möglich, ein gefährliches Gebiet vorübergehend zu verlassen und später zurückzukehren. Wer heute kein Visum hat oder davon befreit ist, muss an der Grenze oder im Ausland Rechtsgründe vorweisen, warum er oder sie nicht weggewiesen oder abgeschoben werden darf.

Zeitlich fällt diese Entwicklung in die Zeit des Ersten Weltkriegs und die Zeit unmittelbar danach. Damals wurden zunehmend Passkontrollen und Einreisebeschränkungen eingeführt, z.B. in den USA. Grund waren massive Migrationsbewegungen.[2] In diese Zeit fallen dementsprechend auch die Anfänge des Flüchtlingsschutzes, wie wir ihn heute kennen – ebenso wie die ersten Kriegsverweigerer-Bewegungen.[3]

1 *Report of the Secretary-General on the Protection of Civilians in Armed Conflict.* UN Doc. S/2009/277, 29.05.2009, S. 4, Ziff. 18.

2 Überblick über die Entwicklung bei Claudena M. Skran: Historical Development of International Refugee Law. In: Andreas Zimmermann (Hrsg.): *The 1951 Convention Relating to the Status of Refugees and Its 1967 Protocol. A Commentary.* Oxford: Oxford UP 2011, S. 6–36.

3 Office of the High Commissioner for Human Rights (OHCHR): *Conscientious Objection to Military Service.* New York / Genf: United Nations 2012, S. 3.

Heute maßgeblich für den internationalen Flüchtlingsschutz ist die Genfer Flüchtlingskonvention von 1951.[4] Sie bietet Schutz gegen Verfolgung wegen der Rasse, Religion, Nationalität, Zugehörigkeit zu einer bestimmten sozialen Gruppe und der politischen Überzeugung. Die Genfer Flüchtlingskonvention stellt ihrerseits eine Reaktion auf den Zweiten Weltkrieg und die dadurch verursachte Flüchtlingskatastrophe sowie die Verfolgung im Nationalsozialismus dar. Dennoch begegnen Kriegsflüchtlinge bei der Anerkennung als Flüchtlinge gewissen Problemen, sowohl als Opfer kriegerischer Gewalt als auch als Deserteure.[5]
Dieser Beitrag wird zunächst einen Überblick über die Entwicklung und Struktur des Flüchtlingsschutzes geben, dann auf die Rechtsprobleme von Kriegsflüchtlingen eingehen und schließlich vor dem Hintergrund des aktuellen Falls eines US-Deserteurs der Frage nachgehen, ob jemand wie Fatzer heute Flüchtlingsschutz genießen könnte.

Erster Weltkrieg: Die Anfänge des Flüchtlingsschutzes

Nach dem Ersten Weltkrieg und der Russischen Revolution befanden sich etwa eine Million Russen außerhalb der neuen UdSSR. Ihr Problem: Sie hatten weder Ausweispapiere noch Reisefreiheit, konnten sich also nicht bewegen, um Verwandte oder Freunde in anderen Gegenden aufzusuchen. Zudem wurden nach 1921 aufgrund der sowjetischen Ausbürgerungsdekrete viele staatenlos. Manche der Aufnahmestaaten versahen diese Exilrussen zwar mit Ausweisen, diese wurden aber im Ausland regelmäßig nicht akzeptiert.[6]
Für diese Personen wurde 1922 der sogenannte Nansen-Pass eingeführt. Insgesamt 52 Staaten weltweit erkannten gegenseitig ein standardisiertes Ausweisdokument an, auf das auch Einreisevisa erteilt werden konnten. Eine spätere Vereinbarung sah dann zusätzlich ein Rückkehrrecht in den ausstellenden Staat vor. Der Nansen-Pass galt zunächst für Personen russischer Herkunft, die den Schutz ihres Heimatstaates ausnahmsweise nicht mehr genossen, später wurde er auch auf Armenier, Türken und Saarland-Flüchtlinge

4 Abkommen über die Rechtsstellung der Flüchtlinge vom 28. Juli 1951, in Kraft getreten am 22. April 1954. UNTS 189, S. 150; BGBl. 1953 II, S. 560.

5 Ausf. Nora Markard: *Kriegsflüchtlinge. Gewalt gegen Zivilpersonen in bewaffneten Konflikten als Herausforderung für das Flüchtlingsrecht und den subsidiären Schutz*. Tübingen: Mohr Siebeck 2012.

6 Skran: Historical Development, S. 6, Rn. 2.

ausgeweitet.[7] Der Schutz erfolgte also nicht individuell, sondern gruppenbezogen – doch der Mangel an Schutz durch den Heimatstaat ist auch heute noch ein relevantes Kriterium.
Wie dürftig aber der Status des Nansen-Passes blieb, der zudem oft teuer war, beschreibt Vladimir Nabokov, einer der vielen russischen Emigranten der Zeit. In *Speak, Memory* schreibt er:

> *Dokumenti*, it has been said, is a Russian's placenta. The League of Nations equipped Russian émigrés who had lost their Russian citizenship with a so-called 'Nansen' passport, a very inferior document of a sickly green hue. Its holder was little better than a criminal on parole and had to go through most hideous ordeals every time he wished to travel from one country to another, and the smaller the countries the worse the fuss they made. Somewhere at the back of their glands, the authorities secreted the notion that no matter how bad a state—say, Soviet Russia—might be, any fugitive from it was intrinsically despicable since he existed outside a national administration; and therefore he was viewed with the preposterous disapproval with which certain religious groups regard a child born out of wedlock.[8]

Nabokov beschreibt hier die Problematik, die daraus entsteht, dass Einzelne v.a. als Angehörige eines Nationalstaates angesehen werden. Dieses Problem thematisierte Hannah Arendt in den 1950er Jahren in *Elemente und Ursprünge totaler Herrschaft* bezogen auf Staatenlose: Wer keinen Heimatstaat hat, ist vom Staatensystem ausgeschlossen. Sie forderte daher als Grundlage aller Rechte das „*Recht, Rechte zu haben*", also Teil einer politischen Gemeinschaft zu sein.[9]
1933 wurden die Nansen-Arrangements in eine bindende Konvention überführt – gerade als die nächste Flüchtlingswelle einsetzte, diesmal aus Deutschland: Bis 1939 flohen geschätzte 400.000 Menschen aus dem Deutschen Reich, davon etwa achtzig Prozent Juden.[10] Doch die benachbarten Staaten weigerten sich, die existierenden Instrumente für diese Personen auszuweiten.[11] Stattdessen schufen sie ähnliche, aber schwächere Regelungen, mit viel

7 Ebd., S. 7–14.

8 Vladimir Nabokov: *Speak, Memory: An Autobiography Revisited.* London: Penguin 1969, S. 212.

9 Hannah Arendt: *Elemente und Ursprünge totaler Herrschaft.* München: Piper 2003, S. 614.

10 Völkerbund, Supplementary Report, Submitted to the Twentieth Ordinary Session of the Assembly of the League of Nations by Sir Herbert Emerson, GCIE, KCSI, CBE, High Commissioner for Refugees, 20.10.1939, LN Doc. A.18(a).1939. XII (1939), S. 2.

11 Skran: Historical Development, S. 26.

weniger Unterzeichnerstaaten.[12] 1936 einigten sich immerhin sechs, später sieben europäische Staaten auf ein Reisedokument mit Rückkehrrecht, das eine gewisse Absicherung und einen gewissen Schutz vor Abschiebung bot.[13]

Dieses Instrument setzte aber, wie der Nansen-Pass, nach wie vor voraus, dass die betroffene Person es bereits ins Ausland geschafft hatte – dies wurde jedoch zunehmend zum Problem, weil es kaum noch Einreisemöglichkeiten gab. Bemühungen, im Juli 1938 auf der Konferenz von Évian Aufnahmekontingente festzulegen, blieben ohne Ergebnis: Die Staaten waren nicht willens, Juden aus Deutschland und Osteuropa aufzunehmen, und verwiesen auf Arbeitslosigkeit und Antisemitismus.[14]

Zweiter Weltkrieg: Die Genfer Flüchtlingskonvention

Nach dem Zweiten Weltkrieg wurde deutlich, dass diese Art von gruppenbezogenen Ad-hoc-Lösungen auf Dauer nicht tragfähig sein würde. Es brauchte ein breiter angelegtes, möglichst alle Staaten bindendes Rechtsinstrument, das sowohl vor Abschiebung schützt und Anspruch auf Reisedokumente gewährt als auch Statusrechte einräumt, insbesondere das Recht zu arbeiten, ein Recht auf Sozialleistungen, auf Schutz des Eigentums usw.

Diese Erkenntnis stellte sich vor dem Hintergrund eines beginnenden neuen Kapitels des internationalen Rechts ein, in dem Individuen erstmals als Rechtssubjekte auf die internationale Bühne traten. Internationales Recht ist das Vertrags- und Gewohnheitsrecht zwischen Staaten – Einzelpersonen kommen traditionell nur als ‚Besitz' ihres Heimatstaates vor: Wenn ein Staat einem fremden Staatsangehörigen einen bestimmten Mindeststandard nicht gewährte, verletzte er nicht dessen individuelle Rechte, sondern die seines Heimatstaates, der dann Wiedergutmachung fordern konnte.[15] Dieses staatliche Paradigma begann 1948 mit der Allgemeinen Erklärung der Menschenrechte (AEMR) aufzubrechen.[16] Sie war noch nicht bindend (inzwischen gilt sie als

12 Skran: Historical Development, S. 14–26.

13 Ebd., S. 27–32.

14 Ausf. Wolfgang Benz (Hrsg.): *Von Evian nach Brüssel. Menschenrechte und Flüchtlingsschutz 70 Jahre nach der Konferenz von Evian.* Karlsruhe: Von Loeper 2008.

15 Überblick bei Knut Ipsen (Hrsg.): *Völkerrecht. Ein Studienbuch.* 6. Aufl. München: Beck 2014, S. 308–314.

16 Verabschiedet von der UN-Generalversammlung als Res. 217 A (III) v. 10.10.1948.

Gewohnheitsrecht[17]), ihr folgten aber bald verpflichtende Menschenrechtskonventionen, die nicht nur die Schutzverpflichtung des Staates gegenüber Einzelpersonen stärkten, sondern sie auch als Recht der Einzelpersonen selbst formulierten – zudem wurden die Staaten nicht nur zum Schutz von Fremden, sondern auch ihrer eigenen Staatsbürger verpflichtet.[18]

Dies ist der Rahmen, in den sich die Genfer Flüchtlingskonvention von 1951 einfügt: Sie greift immer dann ein, wenn eine Person sich in ihrem Heimatstaat auf diesen Schutz nicht verlassen kann – dann darf sie an einen Drittstaat appellieren, sie nicht zurückzuschieben und ihr Schutz und Rechte einzuräumen. In gewissem Umfang soll die Konvention daher das „Recht, Rechte zu haben" absichern. Vor allem aber gilt diese Konvention nicht mehr nur für bestimmte Gruppen; zwar war sie anfangs auf Ereignisse in Europa vor 1951 begrenzt, diese Einschränkung wurde jedoch 1967 durch ein Zusatzprotokoll aufgehoben.[19] Die Genfer Flüchtlingskonvention hat inzwischen 147 Mitgliedstaaten, das sind etwa drei Viertel der Staaten der Welt, darunter auch die USA, China und Russland.[20]

Die Genfer Flüchtlingskonvention gewährt zwar kein Recht auf Asyl, das es nur innerstaatlich gibt[21]; doch räumt sie allen in ihren Anwendungsbereich fallenden Flüchtlingen einen Mindeststandard von Rechten im Aufnahmestaat ein, die sich zunehmend verfestigen und sich teils an den Rechten eigener Staatsangehöriger, teils an

17 Olivier de Schutter: *International Human Rights. Cases, Materials, Commentary.* 2. Aufl. Cambridge: Cambridge UP 2014, S. 18.

18 Insbesondere die beiden UN-Pakte von 1966: Internationaler Pakt über bürgerliche und politische Rechte (IPbpR). UNTS 999, S. 171, BGBl. 1973 II, S. 1534; Internationaler Pakt über wirtschaftliche, soziale und kulturelle Rechte (IPwskR). UNTS 3, S. 992, BGBl. 1973 II, S. 1570. Hinzu kommen spezialisierte Konventionen zum Schutz von Frauen, gegen Rassismus, vor Folter u. a., sowie regionale Instrumente wie die Europäische Konvention zum Schutz der Menschenrechte und Grundfreiheiten (EMRK) von 1950. UNTS 213, S. 221, BGBl. 1952 II, S. 685.

19 Protokoll über die Rechtsstellung der Flüchtlinge vom 31. Januar 1967. UNTS 606, S. 267, BGBl. 1969 II, S. 1294. Die territoriale Beschränkung kann nach Art. 1 Abs. 3 des Protokolls aufrechterhalten werden; dies hat etwa die Türkei getan.

20 Einige wenige dieser Staaten haben nur die Konvention oder nur das Protokoll unterzeichnet; UNHCR: States Parties to the 1951 Convention Relating to the Status of Refugees and the 1967 Protocol. http://www.unhcr.org/protect/PROTECTION/3b73b0d63.pdf (Zugriff am 01.01.2015).

21 Auch Art. 14 AEMR gewährt nur das Recht, Asyl zu suchen und zu genießen – nicht das Recht, Asyl zu erhalten.

den Rechten anderer Ausländer orientieren.[22] Vor allem aber verbietet die Konvention die Zurückweisung und Abschiebung, also das sog. *Refoulement.*[23] Auch diese Konvention setzt also voraus, dass der Aufnahmestaat bereits erreicht ist, jedenfalls dessen Grenze[24] – dieser darf dann eine Person, die unter die Flüchtlingsdefinition fällt, nicht zurückweisen oder zurückschieben.
Die Einreise in den Schutzstaat ist daher auch heute noch das Hauptproblem, gerade an den Außengrenzen der EU. Viele Kriegsflüchtlinge, z. B. aus Syrien, kommen auf dem Landweg bis in die Türkei oder nach Nordafrika und setzen dann mit dem Boot über das Mittelmeer nach Griechenland oder Italien über[25] – denn nur wer bereits da ist, kann Flüchtlingsschutz beantragen. Nur wenige Staaten gewähren Schutz durch direkte Aufnahme aus dem Herkunftsland (sog. Schutzvisa)[26] oder aus überlasteten Aufnahmestaaten in der Herkunftsregion (sog. Resettlement).[27]

Wer ist ‚Flüchtling'?

Das *Refoulement*-Verbot und die Statusrechte der Konvention gelten für jede Person, die unter die Flüchtlingsdefinition in Artikel 1(A)(2) der Konvention fällt, die also

> aus der begründeten Furcht vor Verfolgung wegen ihrer Rasse, Religion, Nationalität, Zugehörigkeit zu einer bestimmten sozialen Gruppe oder wegen ihrer politischen Überzeugung sich außerhalb des Landes befindet, dessen Staatsangehörigkeit sie besitzt [oder in dem sie als Staatenlose ihren gewöhnlichen Aufenthalt hatte], und den Schutz dieses Landes nicht in Anspruch nehmen kann oder wegen dieser Befürchtungen nicht in Anspruch nehmen will.

22 Ausf. James Hathaway: *The Rights of Refugees under International Law.* Cambridge: Cambridge UP 2005.

23 Art. 33 der Konvention lautet: „Keiner der vertragschließenden Staaten wird einen Flüchtling auf irgendeine Weise über die Grenzen von Gebieten ausweisen oder zurückweisen, in denen sein Leben oder seine Freiheit wegen seiner Rasse, Religion, Staatsangehörigkeit, seiner Zugehörigkeit zu einer bestimmten sozialen Gruppe oder wegen seiner politischen Überzeugung bedroht sein würde."

24 Dies ergibt sich auch schon aus der Flüchtlingsdefinition in Art. 1(A)(2) der Konvention, die erfordert dass sich die betreffende Person „außerhalb des Landes befindet, dessen Staatsangehörigkeit sie besitzt" bzw. in dem sie als Staatenlose ihren gewöhnlichen Aufenthalt hatte.

25 FRONTEX: *Annual Risk Analysis 2014.* Warschau 2014, S. 29–41; dies.: *FRAN Quarterly: Q1, January–March 2014.* Warschau 2014, S. 14–20.

26 Christopher Hein / Maria de Donato: *Exploring Avenues for Protected Entry in Europe. Report,* hrsg. v. ECRE, 2012. http://www.ecre.org/component/downloads/downloads/468.html (Zugriff am 01.01.2015).

27 UNHCR: *Resettlement.* http://www.unhcr.de/mandat/dauerhafte-loesungen/resettlement.html (Zugriff am 01.01.2015).

Flüchtlingsschutz genießt also, wer in seinem Heimatland Verfolgung zu befürchten hat, gegen die er oder sie den Schutz des Heimatlandes nicht in Anspruch nehmen kann oder will. Verfolgung liegt nicht schon bei jeder noch so kleinen Menschenrechtsverletzung vor, sondern erst ab einer gewissen Schwere; dies ist aber auch dann der Fall, wenn es viele kleine Nadelstiche sind, die insgesamt genauso schwer wirken, also das Leben unerträglich machen.[28] Diese Verfolgung muss zudem diskriminierend sein, also etwa wegen der Religion drohen, oder wegen der ethnischen Zugehörigkeit – auch wenn diese nur durch den Verfolger zugeschrieben wird.[29]

Für Kriegsflüchtlinge bietet diese Definition einige Herausforderungen: Ist Kriegsgewalt wirklich Verfolgung oder lediglich eine unerfreuliche Nebenfolge bewaffneter Auseinandersetzungen, maximal ein Verstoß gegen das humanitäre Völkerrecht? Und wenn es um den staatlichen Schutz geht, was wenn die Gewalt von nichtstaatlichen Gruppen ausgeht oder wenn der Staat so zerfallen ist, dass er gar nicht mehr die Möglichkeit hätte, Schutz zu gewähren? Und schließlich: Ist Kriegsgewalt nicht gerade dadurch gekennzeichnet, dass sie alle Zivilpersonen unterschiedslos trifft, also gerade nicht diskriminiert?

Es wird daher oft angenommen, dass Kriegsflüchtlinge keine Flüchtlinge im Rechtssinne sind, sondern dass sie nur Anspruch auf humanitären Schutz haben.[30] Doch grundsätzlich sagt das Setting – Krieg oder Frieden – erst einmal noch nichts darüber aus, ob jemand Flüchtling ist oder nicht.[31] Rechtlich stellt sich nur die Frage, ob es sich um eine schwere Menschenrechtsverletzung handelt – und das humanitäre Völkerrecht enthält genau solche Schutzvorschriften für Zivilpersonen in der besonderen Situation eines bewaffneten Konflikts: Es verbietet z. B. direkte Angriffe auf die Zivilbevölkerung, Vertreibung, Zwangsrekrutierung von Kindern, unverhältnismäßige Kollateralschäden usw.[32] Wer daher befürchten muss, Opfer solcher Handlungen zu werden, kann grundsätzlich Flüchtling sein. Ob solche Handlungen vom Staat ausgehen oder

28 James Hathaway / Michelle Foster: *The Law of Refugee Status*. 2. Aufl. Cambridge: Cambridge UP 2014, S. 198–204, m. w. N.

29 Ebd., S. 366–367.

30 Markard: *Kriegsflüchtlinge*, S. 126–137.

31 Ebd., S. 137–139.

32 Ebd., S. 156–169.

nicht, ist irrelevant – solange davor kein Schutz erlangt werden kann, ist die Flüchtlingskonvention anwendbar.[33] Und schließlich ist Kriegsgewalt durchaus nicht immer unterschiedslos – sie wird oft gezielt eingesetzt, um Terror in der Zivilbevölkerung zu verbreiten, um Rückhalt für Rebellen zu bestrafen oder zu schwächen oder um bestimmte Gruppen zu vertreiben oder zu vernichten. Auch Kriegsflüchtlinge können also Flüchtlinge im Rechtssinne sein.[34]

Fatzer – ein Flüchtling?

Wie stünde es nun um einen wie Fatzer? Fatzer desertiert im dritten Jahr des Ersten Weltkriegs – noch weit vor der Einführung des Nansen-Passes, zudem bleibt er im eigenen Land. Doch wäre er, wenn er es über die Grenze statt nach Mülheim geschafft hätte und wenn es damals das heutige Flüchtlingsrecht gegeben hätte, Flüchtling gewesen? Zu befürchten hatte er, wie seine Kollegen, die Todesstrafe – eine Menschenrechtsverletzung, die heute durch Protokoll Nr. 6 zur Europäischen Menschenrechtskonvention verboten ist[35] und die eindeutig schwer genug wiegt, um Verfolgung darzustellen. Doch aus welchen Gründen? Ist diese Verfolgung diskriminierend, weil sie an einen Konventionsgrund anknüpft, hier an die politische oder moralische Überzeugung? Oder handelt es sich lediglich um die Durchsetzung geltenden Rechts, nicht um Verfolgung?

Grundsätzlich darf ein Staat seine erwachsenen Staatsbürger für die Armee rekrutieren und diese Pflicht auch strafrechtlich sanktionieren.[36] Anderes gilt natürlich bei nichtstaatlichen Truppen: Zwangsrekrutierung durch nicht staatlich legitimierte Verbände stellt eine Menschenrechtsverletzung dar, und die Weigerung kann als politische oder religiöse Opposition aufgefasst werden, gegen die sich Verfolgung richtet.[37] Beim Staat ist dagegen zu fragen, wann normales Strafrecht in Verfolgung umschlägt.[38]

Dies ist jedenfalls dann der Fall, wenn die Bestrafung wegen der Desertion oder Verweigerung nicht neutral erfolgt, z. B. sich nur gegen bestimmte Gruppen richtet oder diese besonders hart trifft

33 Markard: *Kriegsflüchtlinge*, S. 187–196, m. w. N.

34 Ebd., S. 294–302.

35 Protokoll Nr. 6 zur Konvention zum Schutze der Menschenrechte und Grundfreiheiten, über die Abschaffung der Todesstrafe in der Fassung des Protokolls Nr. 11, 28.04.1983.

36 BVerwGE 81, 41, hier S. 44; BVerwG, NVwZ 1993, 193, hier S. 194.

37 Markard: *Kriegsflüchtlinge*, S. 186–187.

38 Ebd., S. 184.

(sog. Politmalus), die Strafe sonst unverhältnismäßig ist oder wenn gerichtlicher Rechtsschutz verweigert wird.[39] Verfolgung liegt auch vor, wenn die Rekrutierung gezielt und selektiv als Verfolgungsmaßnahme eingesetzt wird.[40] Weder für das eine noch für das andere jedoch haben wir bei Fatzer Anhaltspunkte.
Eine Anerkennung wäre auch möglich, wenn der Einsatz von der internationalen Gemeinschaft verurteilt würde.[41] In diesem Fall würde eine Beteiligung unter Umständen sogar zum Ausschluss vom Flüchtlingsstatus nach Art. 1(F) der Konvention führen, wenn sie eine Verletzung grundlegender Menschenrechte, des humanitären Völkerrechts oder eine Beteiligung an einem Angriffskrieg bedeuten würde. Dies wurde z.B. anerkannt für den Tschetschenienkrieg,[42] den Krieg im früheren Jugoslawien,[43] den Einsatz chemischer Waffen,[44] den Angriffskrieg Iraks gegen Kuwait[45] sowie für die Verletzung des gemeinsamen Artikel 3 der Genfer Abkommen zum humanitären Völkerrecht, die den absoluten Mindeststandard für die Behandlung von Zivilpersonen in nicht-internationalen bewaffneten Konflikten formulieren.[46] Diese Anerkennungsgründe sind nun auch in Artikel 9 Abs. 2 Buchst. e der europäischen Qualifikationsrichtlinie erfasst, die EU-weite Mindestkriterien für die Qualifikation als Flüchtling aufstellt.[47] Danach stellt die Bestrafung der

39 UNHCR: *Handbuch über Verfahren und Kriterien zur Feststellung der Flüchtlingseigenschaft gemäß dem Abkommen von 1951 und dem Protokoll von 1967 über die Rechtsstellung der Flüchtlinge.* Genf 1979, Rn. 169; ders.: *Auslegung von Artikel 1*, Genf 2001, Rn. 18; ders.: *Deserters and Persons Avoiding Military Service Originating from the Federal Republic of Yugoslavia in Countries of Asylum: Relevant Considerations.* Genf 1999, Ziff. 8; BVerwGE 81, 41, hier S. 42. S. a. Art. 9 Abs. 2 Buchst. b u. c RL 2011/95/EU (unten bei Fn. 55).

40 Neuseel. RSAA, Ref. App. no. 75378 (19.10.2005), Rn. 82f; kanad. FC (TD), *Varga v. Canada (MEI)* [1995] FCJ 888 (FCTD): größere Gefährdung von Angehörigen der ungarischen Minderheit in Einsätzen der jugoslawischen Armee; BVerwGE 62, 123, hier S. 124; BVerwGE 81, 41, hier S. 52; BVerwGE 69, 320, hier S. 322.

41 UNHCR: *Auslegung von Artikel 1*, Rn. 18; brit. CA, *BE (Iran) v SSHR* [2009] INLR 1.

42 Brit. CA, *Krotov v. SSHD* [2004] EWCA (Civ) 69.

43 Kanad. FCA, *Ciric v Canada (MEI)* [1994] 2 FC 65; US 7th Cir., *Vujisic v. INS* 224 F.3d 578 (2000).

44 Kanad. FCA, *Zolfagharkhani v. Canada* (MEI) [1993] FC 540.

45 Kanad. FCA, *Al Masiri v. Canada* (MEI) [1995] F. C. J. 642.

46 Neuseel. RSAA, Ref. App. no. 75378 (19.10.2005), Rn. 87, 91; ähnl. brit. House of Lords, *Sepet & Anor, R (on the application of) v SSHD* [2003] UKHL 15 (20.03.2003), Rn. 8, *per* Lord Bingham of Cornhill.

47 RL 2011/95/EU, ABl. L 337/9 v. 20.12.2011, Neufassung der RL 2004/83/EG.

Desertion dann Verfolgung dar, wenn der Militärdienst Verbrechen umfassen würde oder Handlungen, die den Ausschluss vom Flüchtlingsstatus bedeuten würden, insbesondere Verbrechen gegen den Frieden, Kriegsverbrechen, Verbrechen gegen die Menschlichkeit oder Handlungen, die den Zielen und Grundsätzen der UNO zuwiderlaufen – also der Wahrung des Weltfriedens, der Achtung der Menschenrechte und der Selbstbestimmung der Völker.
Fatzer könnte sich also prinzipiell auf die Völkerrechtswidrigkeit seines Einsatzes berufen. Das humanitäre Völkerrecht war zur Zeit des Ersten Weltkriegs allerdings noch wesentlich weniger weit entwickelt als heute; viele Waffenverbote resultieren gerade erst aus den entsetzlichen Erfahrungen von Ypern u.a., und der Angriffskrieg war noch nicht verboten. Vor allem aber müsste Fatzer zeigen können, dass er tatsächlich Gefahr laufen würde, sich an solchen Verbrechen zu beteiligen.
Denn die bloße Weigerung, sich an kriegerischen Handlungen überhaupt zu beteiligen, ginge über diesen anerkannten Bereich hinaus. Ein Menschenrecht auf Kriegsdienstverweigerung ist bisher nicht universell anerkannt;[48] allerdings vertreten die internationalen Ausschüsse und Spruchkörper – ungeachtet des andauernden Widerstands einiger Staaten – mit zunehmender Entschiedenheit die Ansicht, dass das Recht auf Kriegsdienstverweigerung aus dem Recht auf Glaubens- und Gewissensfreiheit (z.B. Art. 18 IPbpR) abzuleiten ist.[49] Bereits 1998 empfahl

48 UNHCR: *Auslegung von Artikel 1*, Rn. 18: im Entstehen begriffen. Ebenso Guy Goodwin-Gill / Jane McAdam: *The Refugee in International Law*. 3. Aufl. Oxford: Oxford UP 2007, S. 105–106; Ralph Göbel-Zimmermann / Thorsten Masuch: § 60 AufenthG. In: Bertold Huber (Hrsg.): *AufenthG*. München: Beck 2010, § 60 Rn. 65.

49 Ausf. Überblick bei OHCHR: *Conscientious Objection*, S. 6–43. Siehe insb. CCPR, General Comment Nr. 22: The Right to Freedom of Thought, Conscience and Religion (Art. 18), CCPR/C/21/Rev.1/Add.4 (30.07.1993); klarer in *Jeong et al. v. Republic of Korea*, Beschwerden Nr. 1672–1741/2008, Mitteilung v. 03.11.2006; UNGV Res. 1989/59, Conscientious Objection to Military Service, E/CN.4/1989/L.10/Add.15 (08.03.1989); HRC Res. 2000/34, UN Doc. E/CN.4/RES/2000/34 (20.04.2000); OHCHR: Bürgerliche und politische Rechte, einschliesslich der Frage der Wehrdienstverweigerung aus Gewissensgründen, UN Doc. E/CN.4/2004/55 (16.02.2004), S. 13 Rn. 39. Für Europa: Parl. Versammlung des Europarats, Res. 337 (1967) und 478 (1967), Empf. 816 (1977) und 1518 (2001); Ministerkomitee des Europarats, Empf. Nr. R(87)8 v. 09.04.1987; EGMR, *Thlimmenos/Griechenland* (Gr. Kammer), Beschwerde Nr. 34369/97, Rep. 2000-IV: Berücksichtigung einer Vorstrafe wegen religiöser Verweigerung; *Ülke/Türkei*, Nr. 39437/98, 24.01.2006, Rn. 53–59: andauernde Strafverfolgung wegen fortgesetzter Verweigerung; *Bayatyan/Armenien* (Gr. Kammer), Nr. 23459/03, 07.07.2011: Recht auf Kriegsdienstverweigerung aus Art. 9 EMRK.

die UN-Menschenrechtskommission die Gewährung von Asyl für Kriegsdienstverweigerer.[50] Entsprechend haben Gerichte vereinzelt Kriegsdienstverweigerer als Flüchtlinge anerkannt, wenn der Kriegsdienst mit ihren religiösen oder Gewissensüberzeugungen unvereinbar wäre.[51] ‚Bloße' Todesangst oder Abneigung gegen den Militärdienst reicht dagegen nicht aus.[52]

Ob Fatzer als Verweigerer anerkannt werden könnte, hängt also davon ab, aus welchen Gründen er sich dem Kriege verweigert. Fatzer sagt:

> […] Denn jetzt nehmt eure
> Schädel in die Hände und paßt
> Auf, heute am Mittwoch gehe ich
> Fatzer, und ihr, Büsching, Koch und
> Kaumann, von diesem Krieg weg
> Der uns nichts mehr angeht jetzt
> […]
> Der Erbfeind ist vorn und ist
> Auch hinten […][53]

> Die uns herschicken, das ist die
> Burschoasie.[54]

Der Chor fordert die Deserteure auf, politisch und solidarisch zu handeln:

> Denn auch eure Gegner haben hinter sich
> Ihren Gegner, das Bürgertum, […]
> Gegen euch. Wendet euch um und
> Verwandelt den Krieg der Völker
> Den Krieg der Klassen und
> Den Weltkrieg in den

50 CHR, Res. 1998/77, UN Doc. E/CN.4/1998/77, Ziff. 7. Vorsichtig noch für Verweigerer aus Gewissensgründen UNHCR: *Handbuch*, Rn. 170–173.

51 US 9th Cir., *Canas-Segovia v. INS*, (1990) 902 F 2d 717; ausf. hierzu Guy Goodwin-Gill / Susan Timberlake / Ralph G. Steinhardt: Brief Amicus Curiae of the Office of the United Nations High Commissioner for Refugees. In: *International Journal of Refugee Law (IJRL)* 2,3 (1990), S. 390–412. Wohl auch austral. FC, *Erduran v. MIMA* (2002) 122 FCR 150, Rn. 28, *per* Gray J; RRT, Case No. 1001683, [2010] RRTA 506 (23.06.2010): Israeli. Offen gelassen in kanad. FCA, *Zolfagharkhani v. Canada* [1993] 3 FC 540 (FCA). Dazu Martin Jones: The Refusal to Bear Arms as Grounds for Refugee Protection in the Canadian Jurisprudence. In: *IJRL* 20,1 (2008), S. 123–165, hier S. 133–137, 150–158; Andreas Zimmermann / Claudia Mahler: Art. 1 A para. 1. In: Zimmermann (Hrsg.): *The 1951 Convention Relating to the Status of Refugees and its 1967 Protocol. A Commentary*, Rn. 548–558.

52 UNHCR: *Handbuch*, Rn. 168.

53 Bertolt Brecht: Fatzer. In: *Werke. Große kommentierte Berliner und Frankfurter Ausgabe*, Bd. 10/1. Frankfurt am Main: Suhrkamp 1997, S. 387–529, hier S. 404 (B 15).

54 Ebd., S. 477 (B 57).

Bürgerkrieg, also bleibet beisammen und tragt
Den Krieg in euer eigenes Land […][55]

Doch Fatzer lässt sich darauf nicht ein – Solidarität ist nicht seine Sache. Er hat auch keine moralischen Skrupel: Für ihn ist das einfach ein Krieg, „der uns nichts mehr angeht“[56], in dem er nichts verloren hat. Fatzer will seine Haut retten und seinen eigenen Interessen nachgehen, nicht für die Interessen anderer kämpfen. Seine Haltung erwächst eher nicht aus tiefsten Gewissensgründen, die es ihm verbieten, eine Waffe in die Hand zu nehmen; er will sich nur nicht vor den Karren der „Burschoasie“ spannen lassen. Der bloße Unwillen aber, für ‚die da oben‘ seine Haut zu riskieren, genügt bisher nicht für die Anerkennung als Kriegsdienstverweigerer; denn er erzeugt keinen Gewissenskonflikt.

André Shepherd – ein moderner Fatzer?

Anders verhält es sich mit André Shepherd. Shepherd war Berufssoldat der US Army, er war mit der Wartung der Apache-Hubschrauber im Irak betraut. Nachdem er sich vergewissert hatte, dass er nicht noch einmal im Irak eingesetzt werden würde, verlängerte er seinen Dienst. Als dann doch ein erneuter Einsatz bevorstand, entfernte er sich bei einer Zwischenstationierung in Deutschland 2007 von der Truppe. 2008 beantragte er Asyl in Deutschland, weil er den Irakkrieg, so wie er geführt wird, inzwischen für völkerrechtswidrig hielte und eine Beteiligung daran nicht mehr mit seinem Gewissen vereinbaren könnte. Das Bundesamt für Migration und Flüchtlinge lehnte seinen Antrag 2011 ab; Shepherd erhob Klage. Das Verwaltungsgericht München zweifelte, wie Artikel 9 Abs. 2 Buchst. e der Qualifikationsrichtlinie genau auszulegen sei, und legte 2013 dem Europäischen Gerichtshof mehrere Fragen vor.

Die Legalität des Einsatzes im Irak war von Beginn an mehr als umstritten; viele haben ihn als Angriffskrieg kritisiert, als Krieg um das Öl, in dem wiederum „die Burschoasie“ ihre Fatzers, ihre Büschings, Kochs und Kaumanns in die Gräben schickt. Allerdings wurde der Einsatz 2005 mit einem UN-Mandat ausgestattet und bewegte sich damit jedenfalls fürderhin im Rahmen der Legalität. Doch immer wieder gibt es Berichte über Menschen- und Kriegsrechtsverletzungen durch die ausländischen Armeen; auf

55 Brecht: Fatzer, S. 478 (B 59).
56 Ebd., S. 404 (B 15).

diese Berichte berief sich Shepherd. Nun musste der Europäische Gerichtshof die Frage beantworten, ob es reicht, wenn man an einem möglichen Kriegsverbrechen nur über die Wartung des Hubschraubers beteiligt wäre – und wie wahrscheinlich es sein muss, dass gerade dieser Hubschrauber an einem Verbrechen beteiligt sein wird.

Am 11. November 2014 veröffentlichte Generalanwältin des Gerichtshofs Elena Sharpston ihre Schlussanträge,[57] denen sich der Gerichtshof regelmäßig umfänglich oder weitgehend anschließt. Ihrer Ansicht nach schützt Artikel 9 Abs. 2 Buchst. e der Richtlinie „sämtliche Militärangehörige, einschließlich Personen mit logistischen und unterstützenden Aufgaben wie etwa Hubschraubermechaniker", selbst wenn sie Berufssoldaten und keine Wehrpflichtigen sind.[58] Sie verlangte allerdings einen direkten Bezug zur Begehung der Kriegsverbrechen; entscheidend sei, „ob ohne diesen Tatbeitrag oder ohne sämtliche Tatbeiträge der Personen, die sich in derselben Situation wie der Betreffende befinden, die Kriegsverbrechen oder Handlungen unmöglich wären."[59] Auch bei vereinzelten entsprechenden Vorfällen könne prinzipiell nachgewiesen werden, dass für den Betreffenden eine hinreichende Gefahr der Beteiligung entstehen würde.[60] Weder ihre Strafbarkeit noch das UN-Mandat seien eine Garantie dafür, dass sie nicht begangen würden.[61] Nach ihrer Auffassung wäre Shepherd daher als politischer Flüchtling anzuerkennen, wenn er zeigen könne, dass es hinreichend wahrscheinlich ist, dass seine Tätigkeit einen wesentlichen Beitrag zur Begehung eines Kriegsverbrechens leisten würde. Sei dies nicht der Fall, müsse das deutsche Gericht prüfen, ob die gesellschaftlichen und strafrechtlichen Folgen der Desertion so schwer wögen und so unverhältnismäßig seien, dass sie als Verfolgung zu gelten hätten.[62]

Der Europäische Gerichtshof entschied im Februar 2015. Er stimmte der Generalanwältin zu, dass die Richtlinie nicht nach militärischen Rängen differenziert, also auch logistisches und

57 Schlussanträge der Generalanwältin Eleanor Sharpston v. 11.11.2014, Rs. C-472/13, *André Lawrence Shepherd / Bundesrepublik Deutschland.*

58 Ebd., Rn. 32–35.

59 Ebd., Rn. 37–46.

60 Ebd., Rn. 61–63.

61 Ebd., Rn. 68–71.

62 Ebd., Rn. 76–83.

Unterstützungspersonal erfasst.[63] Auch seien Fälle, in denen der Antragsteller an der Begehung solcher Verbrechen nur indirekt beteiligt wäre, etwa weil er nicht zu den Kampftruppen gehört, sondern z. B. einer logistischen oder unterstützenden Einheit zugeteilt ist, nicht grundsätzlich ausgeschlossen.[64] Allerdings müsse es bei vernünftiger Betrachtung plausibel erscheinen, dass sie sich bei der Ausübung ihrer Funktionen in hinreichend unmittelbarer Weise an solchen Handlungen beteiligen müssten; eine direkte Kausalität im Sinne des Strafrechts sei nicht erforderlich.[65] Hierfür seien entsprechende Vorfälle in ihrer Einheit aus der Vergangenheit zwar nicht notwendig, aber ein Anhaltspunkt; anders als die Generalanwältin hielt der Gerichtshof jedoch die Ahndung entsprechender Verbrechen durch den betreffenden Staat und ein UN-Mandat für Gegenargumente.[66] Damit ist die Darlegungslast für schutzsuchende Kriegsdienstverweigerer hoch: Sie müssen nachweisen, „dass solche Verbrechen mit hoher Wahrscheinlichkeit begangen werden“.[67]

Noch viel schwieriger wird es sein zu beweisen, dass die Dienstverweigerung das einzige Mittel darstellt, der Beteiligung an Kriegsverbrechen zu entgehen; hier weist der EuGH – der eigentlich nur für Rechtsfragen allgemeiner Art und nicht für Tatsachenfragen eines konkreten Falls zuständig ist – darauf hin, dass Shepherd sich erstens freiwillig verpflichtete und zweitens nach seinem ersten Irak-Einsatz seinen Dienst verlängerte,[68] ohne in Rechnung zu stellen, dass Shepherd davon ausging, nicht erneut in den Irak geschickt zu werden. Ein Antragsteller müsse zudem nachweisen, dass kein Verfahren zur Anerkennung als Kriegsdienstverweigerer zur Verfügung stand.[69] Ein solches Verfahren gibt es in den USA zwar, es erfasst jedoch nur die Verweigerung jeder Art von Kriegshandlung aus Gewissensgründen, nicht die spezifische Opposition

63 EuGH, André Lawrence Shepherd / Bundesrepublik Deutschland, Rs. C-472/13, Urteil v. 25.02.2015, Rn. 33.

64 Ebd., Rn. 37.

65 Ebd., Rn. 38.

66 Ebd., Rn. 40-42. Zu recht kritisch Reinhard Marx: Flüchtlingsschutz wegen Kriegsdienstverweigerung und Desertion. Anmerkung zu EuGH, Urt. v. 26.2.2015 – C-472/13. In: *Neue Zeitschrift für Verwaltungsrecht*, 09/2015, S. 579–582, hier S. 581.

67 Ebd., Rn. 46.

68 Ebd., Rn. 44.

69 Ebd., Rn. 45.

gegen einen bestimmten Konflikt; der Nachweis wird Shepherd daher große Probleme bereiten.
Schließlich beantwortet der Gerichtshof die Frage, ob die Bestrafung wegen der Kriegsdienstverweigerung Verfolgung auch dann darstellen kann, wenn festgestellt wurde, dass keine Begehung von Kriegsverbrechen drohte. Dies sei dann der Fall, wenn „ein solches Vorgehen über das hinausgeht, was erforderlich ist, damit der betreffende Staat sein legitimes Recht auf Unterhaltung einer Streitkraft ausüben kann“, oder wenn es diskriminierenden Charakter habe.[70] Hiervon, so der Gerichtshof, sei in einem Fall wie dem von Shepherd nicht auszugehen.
Shepherd war nur ein kleines Rädchen im Getriebe; doch auch die kleinen Räder im Getriebe halten den Krieg am Laufen. Ohne sie funktioniert er nicht. Dies haben Sharpston und der Gerichtshof verstanden – und umfassenden Schutz für Kriegsdienstverweigerer in Aussicht gestellt. Shepherd wollte kein Hebel mehr sein in einer Kriegsmaschinerie, die auch Verbrechen hervorbringt – er hat seinen eigenen Kopf benutzt, sich seine eigene Meinung gebildet, er lehnte diesen Krieg ab und ist von ihm weggegangen. In den Worten Fatzers:

> Ich bin gegen eure mechanische Art
> Denn der Mensch ist kein Hebel.[71]
>
> […] daß der Regen
> Von oben nach unten fällt
> Das ist mir
> Ganz unerträglich. Daß im
> Alphabet
> Nach A B kommt und nichts
> Sonst, euch ist's recht
> Aber mir ist's ganz ärmlich.[72]
>
> Eure ungesunde Lust
> Wie Räder zu sein
> Ich aber will's nicht[73]

Viel hat sich getan seit dem Ersten Weltkrieg. Und Shepherd hat tatsächlich Recht bekommen – doch der Gerichtshof gab ihm Steine statt Brot. Die Anforderungen sind so hoch, dass es sehr schwer sein wird, den versprochenen Schutz tatsächlich in Anspruch

70 Ebd., Rn. 50–55.
71 Brecht: Fatzer, S. 495 (B 77).
72 Ebd., S. 389–390 (B 3).
73 Ebd., S. 463 (B 46).

zu nehmen. Es genügt nicht zu zeigen, dass in einem bestimmten bewaffneten Konflikt mehrfach Kriegsverbrechen begangen worden sind und dass sie daher auch in der Zukunft drohen können, sondern es bedarf einer „hohen Wahrscheinlichkeit". Und selbst dann muss der Antragsteller zeigen, dass er alle systeminternen Mittel ausgeschöpft hat; dabei übergeht der Gerichtshof den Umstand, dass das Zurverfügungstehen von Verfahren in der Praxis nicht immer unbedingt bedeuten muss, dass sie auch Schutz gewähren.[74] Je besser der Einsatz damit ‚auf dem Papier' aussieht, desto schwerer wird es sein, Schutz zu erlangen. Das Verwaltungsgericht München wird es mit dieser Erläuterung der Rechtslage nicht leicht haben.

74 Marx: Flüchtlingsschutz, S. 581–582.

„Weit vom Schuß"
Politische und Darstellungsfragen im Verhältnis von Krieg und Theater

Matthias Naumann

Am Beginn der Überlieferung der westlichen Theatertradition, also dem griechischen Theater, steht ein Kriegsstück: *Die Perser* des Aischylos. An diesem lassen sich bereits einige Momente des Verhältnisses von Krieg und Theater – und damit der Möglichkeiten eines politischen Theaters zum Krieg – erkennen, die auch für späteres Kriegstheater zentral sind. Aischylos blickt auf den nur wenige Jahre zurückliegenden Sieg der Athener über die Perser aus der Perspektive der Unterlegenen, deren Niederlage als Strafe der Götter für ihren Hochmut erscheint, so den Stolz der Athener auf ihren Sieg zwar durchaus bejahend, aber zugleich warnend, dass dieser selbst sich nicht in Hochmut steigern solle. Gleichzeitig erscheint hier eine ambivalente Positionierung zum Krieg, die diesen einerseits als Angriffsgeschehen in seinen Folgen als Verhängnis zeigt, andererseits als notwendige Verteidigung und damit gerechtfertigten Sieg der Athener aber nicht infrage stellt. Bemerkenswert ist zudem, dass der Blick auf den Krieg nicht als der auf eine Schlacht geschieht, nicht vermittelt durch Kämpfende, sondern aus der Perspektive der Daheimgebliebenen, der auf ihre Männer und Söhne wartenden Frauen, vor allem der Königsmutter Atossa. Schließlich sei als ein weiterer solcher, in späteres Kriegstheater vorausweisender Punkt die Verknüpfung der jeweiligen Kriegsführung mit einer politischen Ordnung genannt. Diese politischen Ordnungen, die persische Großkönigsherrschaft gegen die Athener Demokratie, treten im Krieg gegeneinander an und beweisen sich an der Form ihrer Kriegsführung – in den *Persern* werden sie verbildlicht in den Lanzen der Athener vs. die Bögen der Perser, die sich leitmotivisch durch den Text ziehen, bis hin zum leeren Köcher als Ausdruck der Nachkriegsmachtlosigkeit des geschlagenen Xerxes.

Krieg und Kriegsdiskurs

Hier geschieht eine Verknüpfung der jeweiligen politischen Ordnung mit einer je spezifischen Form der Gewaltausübung im Krieg. Bekannt ist, dass Carl von Clausewitz den Krieg „als eine Fortsetzung des politischen Verkehrs mit Einmischung anderer Mittel“ bezeichnet hat, da die „politischen Verhältnisse verschiedener Völker und Regierungen“ mit dem Krieg nicht aufhörten.[1] Vielmehr ließe der Krieg sich als eine Ausdrucksform dieser politischen Verhältnisse verstehen, bzw., so Clausewitz: „Ist nicht der Krieg bloß eine andere Art von Schrift und Sprache ihres Denkens? Er hat freilich seine eigene Grammatik, aber nicht seine eigene Logik.“[2] Als eigene Grammatik des Krieges erscheint die Gewalt, die in ein ambivalentes Verhältnis zu seiner politischen Logik bzw. der politischen Logik der kriegführenden Gesellschaft tritt. Für Clausewitz erscheint der Krieg in zweifacher Form, zugleich als „ein politischer Akt“ sowie „gewissermaßen ein Pulsieren der Gewaltsamkeit“.[3] Auffällig ist dabei Clausewitz' vorsichtige Formulierung eines „Pulsierens der Gewaltsamkeit“, welche den Krieg als eine Möglichkeitsform, als etwas mal weniger, mal mehr intensiv sich Aktualisierendes erscheinen lässt. Der Krieg erweist sich so als eine Grundströmung des Politischen, als eine Grunddisposition des Politischen zum gewaltsamen Kampf, deren Aktualisierung von den beteiligten Parteien – den Feinden – sowie den historisch und gesellschaftlich möglichen Erscheinungsformen des Krieges abhängt. Der Krieg nimmt Gestalt an in einer dialektischen Bewegung aus seiner Bestimmtheit durch die Politik, die ihn als Mittel zu einem Zweck einsetzt und sich doch in ihrem Innersten durch seine Möglichkeit bestimmt findet, und seiner eigenen Dynamik, die nicht nur dem Feind die Gesetze setzt,[4] sondern auch die eigenen politischen Ziele zu verändern oder gar erst zu erschaffen vermag.[5] Womit entgegen Clausewitz dem Krieg vielleicht auch eine eigene Logik zuzuerkennen sei.

Nach der Definition des Krieges als Kreuzung des Politischen und der Gewalt bestimmt Clausewitz als seinen Kern das Gefecht – also das, von dem das Theater im Allgemeinen mehr oder weniger weit

1 Carl von Clausewitz: *Vom Kriege.* München: Ullstein 2003, S. 683.

2 Ebd.

3 Ebd., S. 43.

4 Ebd., S. 29.

5 Ebd., S. 50.

entfernt ist. Um den Begriff des ‚Gefechts' gruppiert Clausewitz die verschiedenen Perspektiven auf den Krieg und Auffassungen des Krieges sowie alles, was im Krieg geschieht.[6] Nur Handeln, welches auf ein Gefecht ausgerichtet ist, dieses denkt, lässt sich als Teil des Krieges beschreiben. Damit ermöglicht der Begriff des ‚Gefechts' eine Differenzierung von Kriegshandlung und Kriegszustand. Lässt sich nun das Gefecht und alles, was sich unmittelbar auf es bezieht, wie der Marsch zu einem Ort, an dem gekämpft werden soll, oder die Errichtung einer Verteidigungsstellung, als Kriegshandlung beschreiben, so bildet all das gesellschaftliche Tun, welches durch einen ‚Faden hin zum Gefecht' durchzogen ist, den Kriegszustand. Eine Gesellschaft befände sich also im Kriegszustand, wenn die in ihr stattfindenden politischen Vorgänge solchermaßen auf Gefechte im Sinne des Krieges, also eines kollektiven physischen Kämpfens, Verwundens und Tötens, ausgerichtet sind.

Bei aller Schwierigkeit zu bestimmen, wo und wann genau ein durch den Kriegszustand charakterisiertes gesellschaftliches und politisches Handeln in den Bereich der eigentlichen Kriegshandlung eintritt, eröffnet die Differenzierung von Kriegshandlung und Kriegszustand die Möglichkeit vielfältiger Perspektiven auf den Krieg als ein soziales Feld, als einen Diskurs, welcher die moderne westliche Gesellschaft und ihre politische Ordnung durchzieht und diese immer wieder in vielen ihrer Teile auf die Möglichkeit eines Gefechts, also eigentlicher Kriegshandlungen hin ausrichtet. Am Kriegszustand wiederum kann auch das Theater teilnehmen, auch fern vom Gefecht.

Aufbauend auf Clausewitz' Ausführungen zu Krieg und Politik spricht Michel Foucault vom „Diskurs des Krieges" als einem Feld der Positionierungen und Kämpfe um Rechte, das grundiert ist von der Erfahrung des Krieges und seinen Ausgang aus Erzählungen von Sieg und Niederlage und der Möglichkeit ihrer Revision im nächsten Kampf nimmt. Im Kriegsdiskurs wird vom Krieg gesprochen, dieser zur Darstellung gebracht, wobei Artikulationen im Kriegsdiskurs an der Kriegsführungsfähigkeit einer Gesellschaft arbeiten – und damit immer auch auf die Möglichkeit oder Unmöglichkeit zukünftigen kriegerischen Handelns aus und in dieser Gesellschaft gerichtet sind.

6 Vgl. ebd., S. 55.

Jede Kriegshandlung lässt sich als politische Artikulation,[7] als politische Handlung in der Gewalt, bezeichnen, die nur in Formen ihrer Darstellung im Kriegsdiskurs wahrnehmbar wird. Formen, die ihrerseits auf denjenigen schließen lassen, der sich im Vollzug der Kriegshandlung bzw. in ihrer Darstellung im Kriegsdiskurs artikuliert. Kriegshandlungen sind darüber hinaus als Artikulationen politischer Einstellungen und Absichten, als Ausdruck und Darstellung politischer Ansprüche zu verstehen.

Das Sprechen über den Krieg, der Diskurs seiner Darstellungen ist geprägt von der Abwesenheit des Krieges, zumindest seines Kerns, des Gefechts.[8] Der Moment, in dem sich der Krieg darstellt als eine bestimmte politische Artikulation, die markiert ist durch eine bestimmte Art und einen bestimmten Einsatz von Gewalt, bleibt undarstellbar; ihn einzuholen oder darzustellen – aus den unterschiedlichsten politischen Perspektiven –, bemühen sich zwar Darstellungen des Krieges, doch insofern sie in diesem Versuch innerhalb eines Kriegsdiskurses selbst schon wieder als politische Artikulationen verstanden werden müssen, welche auf den Kriegsdiskurs einzuwirken gedenken, verfehlen sie notwendigerweise das Geschehen des Krieges, die Kriegshandlungen, das Gefecht. Das Problem der Darstellung erweist sich in jeglicher Beschäftigung mit Krieg als unhintergehbar, auch wenn es häufig in dem erneuten Vollzug konventioneller Darstellungen, heimgesucht von alten Mustern, kaum reflektiert wird.[9] In jeglicher Darstellung des Krieges bietet sich eine politische Artikulation durch den Akt und im Akt des Darstellens dar; keine Thematisierung des Krieges

7 Dem Gebrauch des Begriffs durch Ernesto Laclau und Chantal Mouffe folgend ist ‚Artikulation' zu verstehen als Einsatz innerhalb eines (politischen) Diskurses, welcher nicht allein sprachlich sein muss, zugleich aber von einer diesem Diskurs äußerlich bleibenden ‚Wirklichkeit' zu unterscheiden wäre, jedoch nicht in der Art einer Gegenüberstellung von diskursiv/nicht-diskursiv, sondern derart, dass kein Objekt anders als diskursiv wahrgenommen, erfahren werden kann. Laclau / Mouffe betonen, „that every object is constituted as an object of discourse, insofar as no object is given outside every discursive condition of emergence". (Ernesto Laclau / Chantal Mouffe: *Hegemony and Socialist Strategy. Towards a Radical Democratic Politics*, 2. Aufl. London / New York: Verso 2001, S. 107.)

8 Clausewitz bestimmt das Gefecht als einziges Mittel des Krieges, es halte das „ganze Gewebe kriegerischer Tätigkeit" zusammen (Clausewitz: *Vom Kriege*, S. 57). Vgl. zu dieser Abwesenheit des Gefechts in den Darstellungen des Krieges auch Rainer Emig: *Krieg als Metapher im 20. Jahrhundert*. Darmstadt: WBG 2001, bes. S. 76–82.

9 Vgl. zu dem hier nur andeutbaren Problem der Metaphorizität des Krieges ebd., bes. S. 73–105.

vermag sich außerhalb des Kriegsdiskurses zu stellen, jede erweist sich insofern als positionell markiert.[10] Der Diskurs des Krieges ist ein Diskurs der Legitimationen und Delegitimationen des Krieges in seinen beiden Linien: allgemein oder als konkret-spezifische politische Handlungsmöglichkeit einerseits und andererseits als eine allgemeine oder konkret-spezifische Einsatzform kollektiver, gesellschaftlich legitimierter Gewalt. Immer geht es bei der Auseinandersetzung um Kriege auch um die Legitimierung bzw. Delegitimierung der in ihnen verfolgten politischen Ziele und Absichten, der ihnen zugrunde liegenden gesellschaftlichen Vorstellungen und Ansprüche. Um diese auszusprechen, ihnen Wert oder Unwert zu verleihen, bedarf es der Bilder ihrer Darstellung, Bilder, die den Krieg inszenieren, ihn je in einer Perspektive erscheinen lassen – und damit zu ermöglichen oder zu verunmöglichen suchen. Bilder, die historische Positionen sind, deren Positionierung – ihr Einsatz – sich in der Entwicklung eines Kriegsdiskurses aber auch zu verschieben vermag.

Den Artikulationen des Krieges wie des Kriegsdiskurses[11] geht es um Hegemonie. Jeweils wird die hegemoniale Durchsetzung gesellschaftlicher Fiktionen[12] und Ansprüche als gesellschaftliche

10 Da Krieg einzig als soziales Geschehen zu begreifen ist, gilt für seine Darstellung, was Laclau/Mouffe für die diskursive Artikulation jeglichen Sozialen oder Politischen anmerken: „Synonymy, metonymy, metaphor are not forms of thought that add a second sense to a primary, constitutive literality of social relations; instead, they are part of the primary terrain itself in which the social is constituted.“ (Laclau / Mouffe: *Hegemony and Socialist Strategy*, S. 110.) Entsprechend sind auch die Darstellungen des Krieges Teil des sozialen Terrains des Krieges, sie arbeiten daran, wie er sich als gesellschaftliche politische Handlungsmöglichkeit zu konstituieren vermag.

11 Einerseits sind die Kriegshandlungen als Artikulationen des Krieges Ausdruck von etwas, eines politischen Anspruchs, einer Lust an der Gewalt; in ihrer Darstellung, dem Sprechen über sie, erscheinen sie aber bereits nur als Teil einer anderen, werden zur Spur in einer anderen Artikulation im Kriegsdiskurs. Diese darstellende Artikulation im Kriegsdiskurs steht vor der Herausforderung, wie sie die Spur der Gewalt, des Tötens und der Getöteten bewahrt. Insofern erscheint es notwendig, zwischen Artikulationen des Krieges und des Kriegsdiskurses zu unterscheiden, um so auch eine schnelle Gleichsetzung der gewaltsamen Handlungen von Töten und Zerstören, die auf Körper einwirken, – den Artikulationen des Krieges – mit den Artikulationen ihrer Darstellung im Kriegsdiskurs – den Artikulationen des Kriegsdiskurses – zu vermeiden, zugleich diese beiden Formen der Artikulation im Krieg(sdiskurs) aber immer aufeinander bezogen zu halten.

12 Insofern es in politischen Auseinandersetzungen immer um die Durchsetzung von Ansprüchen an die Gesellschaft und damit von Vorstellungen, wie die sozialen Verhältnisse aussehen sollten, geht, handelt es sich bei jeder politischen Artikulation um eine Fiktionalisierung des Gesellschaftlichen, der sozialen Verhältnisse. Da Politik zudem immer mit Formen der Repräsentation und

Realität angestrebt. Zum Krieg kann es kommen, wenn die die Realität einer Gesellschaft strukturierende(n) Fiktion(en) – also die im gesellschaftlichen Alltag zumeist unhinterfragt wirksame(n) Vorstellung(en), wie diese Gesellschaft aussehe und funktioniere, wie sie sein soll – von einer anderen Gesellschaft nicht (mehr) als berechtigt anerkannt wird und, da sich nicht anders auf eine Modifizierung der infrage stehenden Fiktion(en) einigen lässt, diese Modifikation mit kollektiver physischer Gewalt in Realität überführt werden soll. Feindschaft, die zum Krieg führt, beruht also nicht nur, wie Chantal Mouffe schreibt, auf der Abwesenheit eines „shared symbolic space"[13], sondern auf der Nichtanerkennung der Daseinsberechtigung einer Differenz – sei diese umfassend oder partiell – zwischen den symbolischen Räumen, den hegemonialen gesellschaftlichen Fiktionen der beiden – oder mehreren – infrage stehenden Gesellschaften.

Mit Blick auf das Theater folgt daraus zunächst, dass auch Kriegstheater am Kriegsdiskurs einer Gesellschaft teilhat und ein nichtpolitisches Sprechen über Krieg und seine Gewalt auf dem Theater nicht möglich ist. Wo dies doch versucht wird, affirmiert es hegemoniale Bilder des Kriegsdiskurses. Aufführungen von Krieg im Theater lassen sich als Artikulationen im Kriegsdiskurs verstehen, die wie jede Artikulation im Kriegsdiskurs politische Positionierungen vornehmen. Doch da es sich zugleich um künstlerische Artikulationen handelt, kann das Politische an ihnen in ganz unterschiedlichen, gebrochenen, vermischten und unreinen Formen vorkommen. Z. B. die Notwendigkeit von Krieg oder eines Krieges infrage stellend, dabei aber die der Kriegsführung zugrunde liegenden Männlichkeitsbilder in der Form der Darstellung affirmierend.

damit des Ausschlusses der Handlungen oder Verhältnisse aus der Darstellung arbeitet, deren Darstellung nicht opportun erscheint, spricht Eva Horn von der „unausweichliche[n] *Fiktionalität des Politischen*": „Politik ist eine Fiktion in dem Sinne, dass ihre Verlautbarungen und Legitimationen, ihre Selbstpräsentationen und -verortungen immer nur die eine *präsentable* Variante unter mehreren plausiblen, ebenso möglichen aber vielleicht nicht so opportunen Versionen eines Geschehens ist." (Eva Horn: *Der geheime Krieg. Verrat, Spionage und moderne Fiktion.* Frankfurt am Main: Fischer 2007, S. 35–36.)

13 Chantal Mouffe: *On the Political.* London / New York: Routledge 2005, S. 121.

Exodus Fatzer

In *Fatzer* taucht der Krieg als historische Erfahrung des Ersten Weltkriegs auf und als Denkfigur politischen Handelns. Die Desertionsszene der vier, die in Fatzers Abbruch des Krieges kulminiert, ist geprägt vom Nachhall der Gewalt des Krieges, d. h. der Stille dort, wo nichts mehr ist: „Ich höre schlecht. Weil so Lärm war."[14] – „'s ist / eine falsche Gegend"[15] – „Wir sind auf den Mond gekommen"[16]. Und die erfahrene Gewalt schreibt sich fort in den Deserteuren und ihrem Umgang mit Gewalt. „Schießt doch nicht mehr, […] / Der Mensch ist der Feind und muß aufhörn"[17]. Nur die Spuren der Gewalt können, so scheint es, von der Gewalt des Krieges etwas vermitteln, die selbst als direkte Erfahrung undarstellbar bleibt.

Doch führt der Abbruch dieses Krieges nicht zur Ablehnung von Krieg als solchem, sondern zu einer Reflektion der Frontlinien, in denen der Erste Weltkrieg verläuft.

> Und falsch
> Sind ausgewählt die Gegner, es
> Beziehen die gegnerischen Positionen
> Die falschen Haufen
> Freund und Feind auf einem Haufen
> Auf dem andern auch Freund und Feind.[18]

Woraus zu schließen ist, zumindest in einigen Texten des Fragments, dass der Krieg durch eine Veränderung der Frontverläufe gedreht bzw. zersplittert werden müsste; der eine Krieg soll aufgehört werden, um einen anderen zu beginnen, dessen Kampf mehr zu lohnen, in dem es um das Richtige zu gehen scheint. Aus dem Krieg der Völker soll ein Bürgerkrieg werden, ein gewaltsam ausgetragener Klassenkampf, der sich gegen die Herrschenden richtet und die Kämpfenden nicht deren Interessen gegeneinander austragen lässt.

> Verwandelt den Krieg in einen Bürgerkrieg
> Welches eure Aufgabe ist in jedem Krieg
> Der sein wird von jetzt bis zum
> Ende aller Kriege.[19]

14 Bertolt Brecht: Fatzer. In: *Werke. Große kommentierte Berliner und Frankfurter Ausgabe*, Bd. 10/1. Frankfurt am Main: Suhrkamp 1997, S. 387–529, hier S. 388 (B 1).
15 Ebd., S. 393 (B 9).
16 Ebd., S. 451 (B 30).
17 Ebd., S. 452 (B 30).
18 Ebd., S. 473 (B 52).
19 Ebd., S. 475–476 (B 55).

Das Ende aller Kriege scheint damit auch erst erreichbar, wenn diese Bürgerkriege gewonnen wären und damit eine andere Gesellschaft errichtet. Also vielleicht nie; der Diskurs der Kämpfe um soziale und ökonomische Rechte würde sich immer fortschreiben. Dieser Verneinung des einen Krieges, um den anderen zu bejahen, lässt sich wiederum ein anderes Fragment entgegenstellen, das den Gedanken des Exodus, des Auswanderns aus den hegemonialen Strukturen des Kampfes, um diese zu brechen, nahelegt:

> Freilich sie
> Gehen nicht weg, da ein Geschäft sie ruft
> Sondern ins Leere. Was sie nicht tun
> Das ist ihrer Feinde Verderb
> Und ihre Zukunft liegt
> Nach ihnen.[20]

Einem solchen Verständnis von Desertion scheint an anderer Stelle zu widersprechen, dass die vier sich nicht hätten von der Masse der Soldaten trennen, sondern dort, an der Front, am Aufstand arbeiten sollen – wie das Fragment immer wieder Widersprüche anzubieten hat. Folgt man allerdings für einen Moment einem Verständnis von Desertion als Exodus, dann gingen die vier zwar dorthin, „wo Fabriken / Sind!"[21], da dort die Arbeiter am unruhigsten seien, doch wären auch diese zu verlassen. In dieser Weise ließe sich die Desertion Fatzers auch als eine aus zwei Fronten – des Nationenkriegs und des Fabrikregimes – lesen, die ihrerseits daran scheitert, dass Fatzer mehr ein Deserteur ist als die anderen drei, welche die erste Front verlassen, um an der zweiten zu kämpfen. Fatzers Desertion ließe sich im Sinne Paolo Virnos als eine „Strategie der Flucht" begreifen: „d. h. eine Zivilisationserfahrung, die auf dem kontinuierlichen Entzug gegenüber festgelegten Regeln beruht, auf der Neigung, die Karten zu zinken, während die Partie im Gang ist."[22] Während hingegen Koch noch in der Desertion aus dem Krieg ein neues Regime für den nächsten Kampf zu errichten sucht, welches die Desertion Fatzers als Egoismus verstehen muss. Noch einmal Virno: „Desertieren heißt, die Bedingungen zu verändern, unter denen sich ein Konflikt entfaltet, anstatt sich ihnen zu unterwerfen."[23] Es ginge in diesem Kriegstheater dann eben doch

20 Brecht: Fatzer, S. 480 (B 60).

21 Ebd., S. 409 (B 15).

22 Paolo Virno: *Exodus*, hrsg., aus d. Ital. u. eingel. v. Klaus Neundlinger / Gerald Raunig. Wien / Berlin: Turia + Kant 2010, S. 27.

23 Ebd., S. 30.

um das „Ende aller Kriege“, um Strategien des Exits aus den je bestehenden Kriegsbedingungen.

Auf dem Weg in den (nächsten) Krieg

Ich möchte *Fatzer* mit einem anderen Stück zum Ersten Weltkrieg kontrastieren, das aus derselben Zeit und von einem Autor aus Brechts Generation stammt, doch einen ganz anderen Zugriff auf den Weltkrieg versucht und damit einen ganz anderen Nachhall schafft, nämlich mit *Die endlose Straße* von Sigmund Graff und Carl Ernst Hintze. Geschrieben 1926, dem Jahr, in dem Brecht am *Fatzer* zu arbeiten beginnt, wurde es zwischen 1927 und 1930 zahlreichen deutschen Bühnen angeboten, die sich nicht zu einer Aufführung entschlossen. Das Stück wurde 1930 in englischer Übersetzung in London uraufgeführt, sehr gut aufgenommen und erfuhr im selben Jahr in Aachen seine deutschsprachige Erstaufführung. Es folgten über 500 weitere Aufführungen im In- und Ausland bis 1936, womit es zum erfolgreichsten deutschen Theaterstück über den Ersten Weltkrieg wurde. 1936 wurde *Die endlose Straße*, da das Stück nicht eindeutig genug für den Krieg eintrat und Graff sich zu Änderungen nicht bereit erklärte, von den Nazis verboten. Graff selbst war während des Nationalsozialismus Referent im Propagandaministerium und Mitarbeiter des Reichsdramaturgen. Im Ersten Weltkrieg hatte Graff sich, von der Schlacht von Langemarck inspiriert, 1914 als 16-Jähriger freiwillig gemeldet; das Stück greift auf seine Erlebnisse vor Verdun zurück.

Die endlose Straße versucht im Setting der Handlung so nah an die Front, an das Gefecht im Stellungskrieg heranzugehen, wie dies mit den Mitteln eines sogenannten realistischen Theaters möglich scheint. Es eröffnet mit einer auf ihre Ablösung wartenden Gruppe deutscher Soldaten in einem Unterstand, der unter französischem Beschuss liegt. Am Ende der ersten Szene kommt die Ablösung, die Gruppe marschiert hinter die Linien, wird dort in einer Baracke untergebracht, mit dem Versprechen, am nächsten Tag nach Lille, weiter weg von der Front und für einige freie Tage oder Wochen, verlegt zu werden. In der Nacht erfolgt eine Offensive der Westalliierten, die auf 3 km die Front durchbricht, alle Truppen hinter der Linie werden sofort wieder an die Front geworfen, so auch diese Kompagnie. Sie macht sich wieder auf den endlosen Weg zur Front, der immer wieder dorthin führt und keine Rückkehr zu kennen scheint.

Die Szenen in der Baracke hinter der Front, in denen die Bühne in einen Raum der Offiziere und einen der Mannschaft geteilt ist, stellen verschiedene Umgänge mit der Hölle des Stellungskriegs vor. Einige Verwundete versuchen nur fortzukommen; unter neuen Rekruten erweist sich einer als Feigling, der sofort nach hinten zum Anlegen von Schanzanlagen will und von der Truppe sogleich deshalb verabscheut wird, während ein vorbildlicher Rekrut nach vorne an die Front will und dafür Freundschaft mit einem älteren Soldaten schließt. Damit werden deutlich soldatische Männlichkeitsbilder der Verherrlichung des Mutes, der Kameradschaft und Bereitschaft zum Kampf aufrechterhalten. Doch lässt sich Graffs genaue Schilderung der Situation, des Beschusses, der Angst, der Verwundungen nicht als Propaganda für den Krieg lesen, da dieser den Soldaten vor allem absurd und sinnlos erscheint. Sie scheinen nur zu wissen, dass sie hin sein müssen. Doch anders als Fatzer ziehen sie daraus nicht den Schluss zu desertieren, sondern gehen in Pflichterfüllung wieder an die Front, kämpfen weiter. Zwar wird heroischer Opfergang in einer Äußerung des Hauptmanns implizit infrage gestellt, da die Wirklichkeit des Krieges nicht so heldenhaft sei:

> Wir – wir haben doch alle nicht gewußt, was der Krieg ist – – damals – Vierzehn – beim Vormarsch. – Auch deine jungen Kameraden nicht – die von Langemarck. (*Lange Pause. Er sinnt dem Wort „Langemarck" nach.*) – – – Sind die umsonst gestorben? – – – Wahrhaftig, wir haben's auch erst lernen müssen, was das heißt: Krieg. – So wie er ist – – So ohne Hurra – und ohne Heldenlied. – – – Ich weiß, daß das schwer ist. Du kommst aus der Heimat, Junge. (*Pause*) Das ist eine andere Welt. – Die ist uns hier fremd geworden. – Fremd wie – wie – wie etwas, das man nicht mehr begreift … wie – die eigene Kindheit.[24]

Doch wird andererseits die Richtigkeit des soldatischen Handelns innerhalb dieses unheroischen Krieges auch nicht infrage gestellt, sondern zu einem auf sich zu nehmenden Schicksal, das nun selbst wieder als eine andere Art des Heroismus, eines weniger jubelnden und mehr pflichterfüllenden erscheinen kann. Dabei konzentriert sich das Stück ganz auf den kleinen Ausschnitt an der Front und thematisiert in keiner Weise die politischen und gesellschaftlichen Verhältnisse, die die Männer zu Soldaten gemacht und dorthin gebracht haben. Die politischen Wege in den und durch den Krieg werden nicht befragt, so dass seine Gewalt zum Schicksal wird.

24 Sigmund Graff / Carl Ernst Hintze: Die endlose Straße. In: Günther Rühle (Hrsg.): *Zeit und Theater*, Bd. 2: Von der Republik zur Diktatur, 1925–1933. Frankfurt am Main / Berlin / Wien: Ullstein 1972, S. 699–767, hier S. 749.

In den Haltungen zum Krieg entwirft das Stück drei mögliche, denen allen Verständnis entgegengebracht wird, auch wenn letztlich die des Hauptmanns als vorbildhafteste erscheint. Ein Fähnrich hat Angst, an die Front zu gehen, und bittet den Hauptmann, ihn zum Schanzen nach hinten zu verlegen; es klingt an, wird aber nicht ausgesprochen, dass er an Desertion denkt. Der Hauptmann ermahnt ihn, so nicht zu handeln, zeigt aber zugleich Verständnis und verlegt ihn nach hinten. Demgegenüber gibt es einen Rückkehrer, der verwundet war, seinen folgenden Urlaub vorzeitig beendete und zur Kompagnie zurückkehrte. Dem darüber verwunderten Hauptmann versucht er zu erklären: „Ich meine – überhaupt so – in der Heimat. – Da – da hab' ich mich – nicht mehr – reingefunden. – – – Und da wollte ich wieder heim zur Kompagnie."[25] Das Trauma der Front macht diese zur neuen Heimat. Allerdings verstärkt diese Handlung einer behaupteten unmöglichen Rückkehr aus dem Krieg, also auch einer Unmöglichkeit des Abbrechens des Krieges oder von Desertion, die korrespondierende Haltung des Hauptmanns und führt ihn selbst am Ende des Stücks dazu, wieder mit seiner Truppe an die Front zu gehen und nicht als Offizier in einer sicheren rückwärtigen Stellung zu bleiben. Also die Fortführung des Krieges als sein Schicksal anzunehmen.

Die endlose Straße versucht, aus dem direkt Erlebten, der Erfahrung und ihrer semi-dokumentarischen Wiedergabe eine Position zum Krieg einzunehmen, die einer Einfühlung in das Schicksal der Soldaten gleichkommt, als sei das Erlebte der unabdingbare und einzige Grund von Wahrheit auch für das Verstehen gesellschaftlicher Verhältnisse und das politische Denken. Wie ambivalent das Potential dieser Einfühlung in das Schicksal der Soldaten ist und wie unterschiedlich sie aufgenommen werden kann, zeigt, dass sich diese Darstellung des Ersten Weltkriegs zwischen 1930 und 1936 einerseits als kriegsablehnende Erinnerung rezipieren ließ, andererseits aber auch als Erinnerung an den letzten Krieg auf den nächsten vorbereiten konnte, während sie ab 1936 für die zunehmende Einschwörung auf den kommenden Krieg nicht mehr geeignet war. Denn diese durfte keinerlei negative Haltungen zum Krieg mehr kennen – also die Frage „Wenn wir nu aber nich vorgehn –?!"[26] durfte gar nicht mehr gestellt werden –, auch wenn diese kriegskritischen Anfechtungen im Stück von den Identifikationsfiguren

25 Ebd., S. 764.
26 Ebd., S. 761.

‚männlich' und pflichtbewusst überwunden werden. Damit macht *Die endlose Straße* zugleich die Gefahr eines Kriegstheaters deutlich, das seine Auseinandersetzung mit dem Krieg rein aus der Gestaltung des direkt, selbst oder authentisch Erlebten, aus der Behauptung einer Erfahrung, die wirklich so gewesen sei, versucht.

*

Walter Benjamin schrieb über die Erfahrungsarmut aus dem Ersten Weltkrieg[27] und Theodor W. Adorno nimmt diese Gedanken im Herbst 1944 in einem Text der *Minima Moralia* mit dem Titel „Weit vom Schuß"[28] wieder auf, nun im Hinblick auf den Zweiten Weltkrieg, dessen Beginn sich 2014 zum 75. Mal jährte, auch ein Jahrestag für die Kriegsthematik der Vierten Fatzer Tage. Ich will nur zwei kurze Passagen aus dieser Reflexion Adornos zitieren, die mir für eine heutige Verhandlung von Krieg im Theater wichtig erscheinen:

> Sowenig der Krieg [gemeint ist der Zweite Weltkrieg] Kontinuität, Geschichte, das „epische" Element enthält, sondern gewissermaßen in jeder Phase von vorn anfängt, sowenig wird er ein stetiges und unbewußt aufbewahrtes Erinnerungsbild hinterlassen. Überall, mit jeder Explosion, hat er den Reizschutz durchbrochen, unter dem Erfahrung, die Dauer zwischen heilsamem Vergessen und heilsamem Erinnern sich bildet. Das Leben hat sich in eine zeitlose Folge von Schocks verwandelt, zwischen denen Löcher, paralysierte Zwischenräume klaffen.[29]

27 „Hatte man nicht bei Kriegsende bemerkt, daß die Leute verstummt aus dem Felde kamen? nicht reicher – ärmer an mitteilbarer Erfahrung. Was sich dann zehn Jahre später in der Flut der Kriegsbücher ergossen hatte, war alles andere als Erfahrung gewesen, die von Mund zu Mund geht. Und das war nicht merkwürdig. Denn nie sind Erfahrungen gründlicher Lügen gestraft worden als die strategischen durch den Stellungskrieg, die wirtschaftlichen durch die Inflation, die körperlichen durch die Materialschlacht, die sittlichen durch die Machthaber. Eine Generation, die noch mit der Pferdebahn zur Schule gefahren war, stand unter freiem Himmel in einer Landschaft, in der nichts unverändert geblieben war als die Wolken und unter ihnen, in einem Kraftfeld zerstörender Ströme und Explosionen, der winzige, gebrechliche Menschenkörper." (Walter Benjamin: Der Erzähler. In: Ders.: *Gesammelte Schriften*, Bd. II.2, hrsg. v. Rolf Tiedemann / Hermann Schweppenhäuser. Frankfurt am Main: Suhrkamp 1977, S. 438–465, hier S. 439.) Vgl. auch ders.: Erfahrung und Armut. In: Ders.: *Gesammelte Schriften*, Bd. II.1, hrsg. v. Rolf Tiedemann / Hermann Schweppenhäuser. Frankfurt am Main: Suhrkamp 1977, S. 213–219.

28 Theodor W. Adorno: *Gesammelte Schriften*, Bd. 4: Minima Moralia. Reflektionen aus dem beschädigten Leben. Frankfurt am Main: Suhrkamp 1997, S. 59–63.

29 Ebd., S. 60.

> Werden jedoch die Toten nicht gerächt und Gnade geübt, so hat der ungestrafte Faschismus trotz allem seinen Sieg weg, und nachdem er einmal zeigte, wie leicht es geht, wird es an anderen Stellen sich fortsetzen. Die Logik der Geschichte ist so destruktiv wie die Menschen, die sie zeitigt; wo immer ihre Schwerkraft hintendiert, reproduziert sie das Äquivalent des vergangenen Unheils. Normal ist der Tod.[30]

Mir scheint, dass dieses Problem der Erfahrung, der Zersplitterung des Krieges in Schocks und Löcher einerseits ins Bewusstsein zu heben und damit zum Problem der Darstellung von Krieg oder der Herstellung von Kriegstheater heute zu machen wäre; andererseits die politisch und moralisch unmögliche Entscheidung zwischen Rache und Straflosigkeit erneut nach Strategien der Desertion und Flucht, des Exodus fragen lässt, um vielleicht mit Mitteln des Theaters „eingreifendes Denken", um noch einmal einen Begriff Brechts zu verwenden, hervorzubringen.

Flucht aus dem Krieg

Mein abschließendes Beispiel nimmt Bezug auf die deutsche Vergangenheit der Shoah, um ein lebendiges Denkmal, einen Akt „politischer Schönheit"[31] zu schaffen, oder eben politisierendes Theater, dem es ganz um das gegenwärtige politische Handeln der Bundesregierung angesichts des Bürgerkriegs in Syrien geht. Am Montag, dem 12. Mai 2014, geht die Website www.kindertransporthilfe-des-bundes.de online, die ein Hilfsprogramm des Familienministeriums von Manuela Schwesig (SPD) vorstellt, um 55.000 syrische Flüchtlingskinder nach Deutschland zu bringen. Für diese sucht das Programm Pflegefamilien in Deutschland. Die Website enthält alle notwendigen Informationen, um sich als Pflegeeltern zu bewerben, und es gehen schnell zahlreiche Bewerbungen ein. Zu diesem Zeitpunkt sind durch den syrischen Bürgerkrieg etwa 9 Millionen der 19 Millionen Einwohner_innen des Landes auf der Flucht. Zu diesem Zeitpunkt hat Deutschland 10.000 syrische Geflüchtete

30 Ebd., S. 62.

31 Welche das Zentrum für politische Schönheit (ZPS) auf seiner Website so beschreibt: „Es ist der Mut zur Humanität, der die Schönheit des Menschen sichtbar macht." (http://www.politicalbeauty.de/Zentrum_fur_Politische_Schonheit.html (Zugriff am 22.05.2016).) Es ist hier nicht der Ort, auf diesen Anspruch eines künstlerisch-politischen Handelns näher einzugehen, gerade im Hinblick auf die folgenden Aktionen des ZPS seit 2014, meist zum Komplex der Flucht nach Europa bzw. der europäischen Flüchtlingsabwehr, oder auf die Veröffentlichungen der am ZPS Beteiligten, vor allem von Philipp Ruch, die für zahlreiche Diskussionen gesorgt haben. Insofern soll hier nur die Aktion *Kindertransporthilfe des Bundes* als eigenständige künstlerisch-politische Artikulation betrachtet werden.

Abb. 1–2: Zentrum für Politische Schönheit: *Kindertransporthilfe des Bundes.*
1: Still aus dem Videospot zur Ankündigung der Aktion.
2: Website mit Still aus dem Videospot.

aufgenommen, in den folgenden Wochen wird das Kontingent von Aufnahmeplätzen auf 20.000 erhöht, während bereits über 70.000 Anträge von Flüchtenden vorliegen, die Familie in Deutschland haben. Die Zahl der aufzunehmenden Kinder ist also bewusst niedrig angesetzt, in Anbetracht der Gesamtflüchtlingszahlen, und doch deutlich höher als alles, was von der Bundesregierung zugelassen wird. Dabei nimmt sich die Aktion ganz offensichtlich die Kindertransporte aus Deutschland nach Großbritannien 1938/39 zum Vorbild. Zwei ehemals durch die Kindertransporte nach Großbritannien gerettete Überlebende, Inge Lammel und Kurt Gutmann, unterstützen diese neue Kindertransporthilfe und vertreten sie auch einige Tage nach Beginn der Aktion bei einem Gespräch

Abb. 3–4: Zentrum für Politische Schönheit: *Kindertransporthilfe des Bundes*. Container der *1aus100-Show* am Bahnhof Friedrichstraße, mit Bühnenfläche für die Show davor.

im Bundeskanzleramt, aus dessen Gesprächsprotokoll, das später in der *taz* veröffentlicht wird,[32] deutlich zutage tritt, wie egal den Kanzleramtsbeamten sowohl das Leben vor dem Bürgerkrieg fliehender Syrer_innen heute als auch die Tatsache ist, dass die beiden alten Menschen nur aufgrund einer ähnlichen Aktion in der Vergangenheit heute mit ihnen sprechen können.

Bei der Kindertransporthilfe handelt es sich um eine Aktion des Zentrums für Politische Schönheit, die von verschiedenen öffentlichen Auftritten und Videos begleitet wird, u. a. einem, das in Aleppo aufgenommen wurde und Manuela Schwesigs Initiative

32 „Das muss man prüfen". In: *taz*, 28./29.05.2014, S. 4–5. http://politicalbeauty.de/press_kt/taz_kanzleramt.pdf (Zugriff am 22.05.2016).

verkündet.[33] Im Stil eines Fernsehnachrichtenspots zeigt es erst Manuela Schwesig bei einer Rede, der die Ankündigung der Kindertransporthilfe unterlegt wird; es folgen Aufnahmen von Aleppo und der Besuch in einer Grundschule, um die Begeisterung und Dankbarkeit der syrischen Kinder zu zeigen, die Schwesig selbst in Aleppo besuchen wolle und die mit der Kindertransporthilfe nach Deutschland gebracht werden sollen.[34]

Neben die Website und die PR-Kunst tritt nach einigen Tagen eine Live-Show in der Nähe des Denkmals für die Kindertransporte am Bahnhof Friedrichstraße in Berlin. In einem Container kann man Videos von 100 Kindern aus Syrien sehen, häufig Situationen der Verletzung, aus Krankenhäusern. Und jeden Abend findet die *1aus100-Show* statt, eine Quiz-Show mit Publikumsbeteiligung, in der für 1 von 100 Kindern gestimmt werden kann, das gerettet werden soll. Zwischendurch finden am Container auch andere Programmpunkte, Gespräche mit aus Syrien Geflüchteten, Musik statt, um der Aktion eine für einige Tage andauernde Live-Präsenz in Berlin zu geben.

Mir scheint dies ein Theater des Krieges zu sein, das es als Artikulation in einem Kriegsdiskurs, in einem Land, das nicht direkt am Gefecht, aber am Kriegszustand in Syrien beteiligt ist, auf eingreifendes Denken abgesehen hat, auf Veränderung in der Wahrnehmung politischer Verhältnisse und Handlungsmöglichkeiten im Zusammenhang eines Krieges. Durch ihre massive Öffentlichkeitsarbeit, den Fake der bundesoffiziellen Aktion erzeugt die *Kindertransporthilfe des Bundes* dabei ein medial-theatrales Austesten gesellschaftlichen Bewusstseins – der Aufnahme der Aktion, der Reaktionen, der Bereitschaft vieler, ein syrisches Kind aufzunehmen, da sie denken, die Aktion sei real (und nicht „Hyperrealismus"[35]) – und wirkt durch das Denkbarmachen von Optionen in dieses

33 Manuela Schwesig will ins Kriegsgebiet zu syrischen Kindern fliegen! https://www.youtube.com/watch?v=doKQqZ1mqew (Zugriff am 22.05.2016).

34 Beim erneuten Sehen dieses Videos zwei Jahre später – die Stadt ist nun noch zerstörter, die Zahl der Kriegstoten liegt inzwischen bei etwa 400.000 (Bürgerkrieg in Syrien. In: *Wikipedia*. https://de.wikipedia.org/wiki/B%C3%BCrgerkrieg_in_Syrien (Zugriff am 22.05.2016) – frage ich mich unweigerlich, was eigentlich aus diesen Kindern geworden ist, mit denen damals, vielleicht auch wirklich mit Hoffnungen, dieses Video des ZPS gedreht wurde.

35 Die Kindertransporthilfe des Bundes. http://www.politicalbeauty.de/kindertransporte.html (Zugriff am 22.05.2016).

zurück.[36] Theater funktioniert hier als das Herstellen einer Erfahrung, die eine politische Situation, eine Kriegssituation zu denken gibt, ohne sich an einer Darstellung ihrer direkten Erfahrung zu versuchen, sondern diese im Sinne eines anders denkbar und wahrnehmbar Machens bewusst zu überschreiten, zu fiktionalisieren. Durch das Herstellen einer neuen Situation lässt sich eine Spaltung der Zeit denken, wenn auch nicht, vielleicht noch nicht, durchsetzen.

Chor So verlassen die Besten, ist an ei-
nem Punkt der Erdoberfläche
Eine Idee aufgetaucht, sofort die
Position (den Krieg) und nichts
Hält sie zurück, die Zeit spaltet
Sich in alt und neu, sie tun nichts
Altes mehr.
Aber die Zeit rollt noch weiter.[37]

36 Rückblickend noch einmal die Materialien der Aktion im Netz sichtend, wirkt die Aufnahmebereitschaft für syrische Kinder, die sich in Anträgen und Anrufen bei den Initiatoren äußerte, wie ein mögliches *pre-ghosting* der Hilfsbereitschaft in Teilen der deutschen Bevölkerung gegenüber Geflüchteten seit dem Sommer 2015.

37 Brecht: Fatzer, S. 439 (B 20).

Open Call

kgi

Fatzer oder Selbstkritik der kgi

Von und mit Simon Kubisch, Dominik Meder, Jeanette Stornowski, Maria Vogt
Kinderchor Linda Augenstein, Svenja Horn, Wiebke Horn, Melina Hotz, Lucy Karwatzki, Ronja Klein, Sarah Smeets, Fiona Schubert
Bühne Christian Schoppik
Theaterpädagogische Betreuung Katharina Reich
Video Alexander Buers
Aufführungsfotos Björn Stork, Pascal Bruns
Premiere 13. Juli 2014, Ringlokschuppen Ruhr

Der Krieg und nur der Krieg macht es
möglich, Massenbewegungen größten
Massstabs unter Wahrung der
überkommenen Eigentumsverhältnisse
ein Ziel zu geben.
-Joachim Gauck-

„WIR RIEFEN ARBEITER UND ES KAMEN ZAHNÄRZTE!“

Produktionsnotizen zu *Fatzer oder Selbstkritik der kgi*

Wie fing das eigentlich an mit Fatzer?

Relativ unsexy, wie so oft in der Freien Szene: mit einem Konzept und einer Bewerbung. Wir kamen ja aus relativ unterschiedlichen Produktionsbedingungen – Berlin Ernst Busch und ATW Gießen – und hatten bis dato eher mal bei den anderen so mitgearbeitet. In dem Sinne waren wir noch nicht wirklich ein ‚Kollektiv‘, sondern eher Freunde und eben irgendwie Theatermacher, die vor allem der politische Ansatz und das Ungenügen der westlichen Gesellschaften, in denen die kapitalistische Produktionsweise herrscht, verbunden hat.

Fatzer war dann eure erste gemeinsame Arbeit als Kollektiv?

Zuvor hatten wir noch ein relativ traumatisches Erlebnis an einem kleineren Stadttheater. Eine Woche danach kamen wir – wie die vier Deserteure um Fatzer – sozusagen aus dem ‚Krieg‘, inklusive posttraumatischer Belastungsstörungen und allem, was dazu gehört, nach Mülheim. Im Gegensatz zu den Deserteuren konnten wir uns aber nicht verkriechen, sondern mussten vier Wochen lang produzieren.

Was meint ihr mit ‚Krieg‘?

Mit Krieg meinen wir eine ganz bestimmte Produktionsweise, eine soziale Situation, deren Zusammenfinden vor allem der Produktion von ‚Mehrwert‘ dient. Die soziale Situation ist insofern kriegerisch, weil sie, um der Produktion von Mehrwert zu dienen, Hierarchien, Ausgrenzungs- und Ausbeutungsverhältnisse schafft. Diese werden einerseits von Außen, also den Produktionsbedingungen auferlegt, andererseits aber auch von Innen, somit psychologisch reproduziert. Das große Ganze findet sich auch immer im kleinen Feinen wieder und es ist enorm schwer, das kleine Feine zu verändern, wenn das große Ganze nicht stimmt. Insofern haben wir es wohl nicht geschafft, das große Ganze einer mittelgroßen Stadttheaterproduktionsstätte zu verändern, sondern im Gegenteil stanzte und stutzte dieser Maschinenapparat unsere Arbeits- und Lebensweise zurecht. In Mülheim war dann alles ganz anders und wir haben uns tatsächlich Stück für Stück bei der Arbeit von der Arbeit erholt. Das war insofern erholsam, weil man gesehen hat, dass es doch gehen kann, andere Strukturen und Produktionsweisen zu etablieren, die eben nicht ausbeutend und vernichtend, sondern produktiv und verlebendigend sind. Jedenfalls wirkte der Schock der Stadttheatermaschine so weit, dass alles grundlegend in Frage gestellt und überdacht wurde und wir uns nicht mit kleinen schnellen, den Produktionsprozess befördernden Antworten zufrieden gaben. Die Grundsituation war das FDP-Prinzip: „Ein weiter so kann es nicht geben!"

Aber das Grundkonzept von Kindern und Wohnwagen und Video war schon da?

Ja, das hatte sich schon in der Vorbereitung ergeben. Der Chor nimmt ja in Brechts Fragment immer wieder verschiedene Positionen ein. Letztendlich wird er immer mehr zur Position der Wissenden, der Chor der „klassenlosen Gesellschaft", welcher das Geschick (oder eben Missgeschick) von vier Revolutionären (oder Konterrevolutionären) in der „längst überwundenen Zeit" der Klassengesellschaft beschreibt. Es war für uns sehr einleuchtend und spannend, den Chor von Kindern sprechen zu lassen, die unsere Missgeschicke als „Deserteure, Theatermacher, Aktivisten" aus der Perspektive einer gelungenen Revolution beschreiben.

Welche grundlegenden Entscheidungen habt ihr nach der Stadttheater-Erfahrung noch getroffen?

Vor allem, dass es keine Hierarchie und keine Arbeitsteilung geben sollte. Es sollte keine Trennung zwischen Schauspieler*innen, Regisseur*innen, Bühnen- und Kostümbildner*innen oder Dramaturg*innen oder Musiker*innen geben, sondern alle sollten permanent und gleichermaßen dem Schaffensprozess ausgesetzt sein – auf der Bühne, hinter der Bühne und auch im Zuschauerraum.

Und wer hat dann die Entscheidungen getroffen?

Wir haben sehr lange über sehr viel diskutiert und haben, falls dann immer noch Uneinigkeit herrschte, darüber abgestimmt. Die

Proben haben wir auf Video aufgezeichnet, manchmal danach ausgewertet und aufgrund der Auswertung dann eben Veränderungen vorgenommen.

Wie kam die Textfassung zustande?

Wir haben sehr lange den Text gelesen, also das komplette *Fatzer*-Fragment und haben einzelne Abschnitte verschiedenen Themen zugeordnet: Krieg, Sexus, Auslöschung, usw. Auch in der Textzuteilung war uns wichtig, dass es keine Hierarchien in Figuren, Hauptrollen, Nebenrollen, männlich und weiblich gibt, dass es also auch hier keine hierarchisierende und ausgrenzende Verteilung gibt. Wir haben also das Fragment noch weiter fragmentiert. Die Textaufteilung ging dann nach dem Gleichheitsprinzip – und wer es eben geschafft hatte, Text zu lernen. Also jede*r nach seinen Bedürfnissen und Fähigkeiten.

Wir sehen am Anfang der Inszenierung in der Bühnenmitte eine Kinderspielstadt aus Pappe, das Publikum, an die Agora-Bühne erinnernd, nimmt rundum Platz und ihr spielt mit den Kindern in eindeutigen Theaterkostümen ein Spiel namens „WhiskeyMixer", relativ unbefangen. Das erscheint als Bruch zur sehr starken Ästhetisierung des Raums …

Das hatte sich auch durch die Produktionserfahrung ergeben, dass für uns eben die Hierarchien und der Angstraum eines Stadttheaters auch das Ende der Phantasie, das Ende des Theaters und das Ende der Utopie bedeutet hatte. Wir mussten irgendwie auf eine „italienische Reise" gehen, um wieder beim Überraschungseidiskurs „Spiel, Spaß und Spannung" anzukommen – das Spiel und die Lust als letztes politisches Prinzip, als präkommunistisches Moment – also einfach eine Lust am Schaffen, am Produzieren zu haben. Das klingt relativ banal, aber wir glauben wirklich, vor allem nach zwei Jahren und einigen Produktionen später, dass dies der entscheidende ‚revolutionäre' Moment ist. Es bringt ja auch niemandem was, schon gar nicht als Utopie oder Stoßrichtung, wenn da immer eine vollkommen *geburnoutete*, totdiskutierte und bis aufs Fleisch zerstrittene Linke irgendwo beleidigt in der Ecke sitzt. Es muss ja vor allem darum gehen, die Libido, die Lust und den Spaß auf eine beinahe antike Art und Weise fruchtbar zu machen. Das hat dann auch wieder viel mit dem Theater zu tun, also Theater in seiner antiken Situation in seiner sehr volksnahen und plebejischen, pöbelhaften Form, was etwas mit Rausch und Affekten und Aktivierungen zu tun hat und eben nicht schon von vornherein totdiskutiert ist. Also wir meinen totdiskutiertes Theater kann auch

sehr spannend sein, aber wir konnten das eben nicht mehr machen. Das sparen wir uns fürs Alterswerk auf.

Der Chor der Kinder gibt schließlich das Spiel frei bzw. rahmt das Spiel ein, indem er dem Zuschauer klarmacht: „Ihr noch wisst", es gab Gesellschaften voller Krieg, in denen der Fortschritt auch nur für Kriege missbraucht wurde, „gegeneinander", sich in die Erde eingrabend über die Städte fliegend „gegeneinander". Daraufhin schiebt ihr einen Kleinwagen mit Deutschlandflaggen unter theatraler Musik (von Mahler) in den Theatersaal, selbst in langen Mänteln, mit Affen- und Zombiemasken verkleidet, mit Fußballshirts aus vergangenen Zeiten, die den Reichsadler als Emblem zeigen. Wir sehen in eurem sehr formalen Spiel, dass dort vier stark verängstigte Soldaten voller Panik vor einem Hinterhalt oder einem neuen Schusswechsel einen Ort suchen, an dem sie mal ein paar Minuten nachdenken können.

Drei Minuten. Ja, das ist eines der allegorischen Bilder, die zur Zeit der WM 2014 einfach ins Auge stachen. Alles war in Deutschlandfahnen gehüllt und überall betrunkene Fußballpatrioten. Bei Public Viewings wurde die Nationalhymne gesungen und dabei natürlich auch aufgestanden. Das war alles noch in der Keimzelle und noch nicht so stark erkennbar, also das, dem Merkel und Gauck dann den nationalistischen Boden zu Pegida, Legida, AfD usw. gedüngt haben. Das ist auch wieder eine Metapher für ‚Krieg'.

Das 7:1 gegen Brasilien, ein Land, welches durch die FIFA geplündert wird, offiziell und ohne dass die falschen Bilder des richtigen Bewusstseins von dort gezeigt werden, das waren schon sehr klare politisch-ökonomische Situationen. Da war vieles ablesbar. Und der betrunkene Fußballidiot, der sich freut, dass Deutschland „endlich" wieder groß ist in der Welt, dem kann man ja beinahe keinen Vorwurf machen, weil er es nicht besser weiß. Aber natürlich wird hier Krieg geführt. Der Krieg in Form einer Plünderung des ohnehin schon vollkommen verarmten Brasiliens der Favelas durch westliche-kapitalistische Staaten. Insofern ist das 7:1 etwas Reales, was sich dann eben in den Körpern und Köpfen der brasilianischen Spieler als Todesgewissheit manifestiert hat. Die Idee, irgendwo ein „Loch" zu haben, durch das man entfliehen kann aus der Reproduktion der Wirklichkeit, wie es die Deserteure um Fatzer suchen, ist etwas sehr Naives und Utopisches, und da hielten wir es vielleicht mehr mit Schiller als mit Brecht, als wir darstellen wollten, dass das Theater ein solcher Ort sein kann, an dem drei Minuten nachgedacht werden kann über die eigene Lage und dann vielleicht auch Lösungen aufscheinen, nämlich zum Beispiel die, dass man „auf die Ordnung der Welt scheißt" und keinen Krieg mehr macht und einfach nach Hause geht. Vielleicht auch gar kein Theater mehr macht oder keinen Fußball mehr spielt, sondern sich einfach total verweigert.

Ihr geht aber nicht nach Hause oder beendet das Theater, sondern ihr bebildert den „RUNDGANG DURCH DIE STADT MÜLHEIM". Ihr geht mit der Videokamera durch die Stadt Mülheim und schafft ein materialistisches Panoptikum, von reich bis arm, von rechts bis links. Wir sehen wohlsituierte Damen auf einem Tennisplatz, die dafür plädieren, dass es keine Gleichheit geben kann und alle Projekte der „Linken" ja schön und gut aber einfach nicht bezahlbar wären; wir sehen einen älteren Herrn vor der Einfahrt seiner Villa, der das Problem der Mülheimer Innenstadt in der Zuwanderung von „Ausländern" sieht. Wir sehen die Mülheimer Innenstadt, die Schloßstraße, in der Deutsche sich wieder einen neuen „Hitler" wünschen, und einen Jamaikaner, der letztendlich, als Schlussplädoyer sagt, dass die Leute keine Ahnung haben, weil sie keine Zeitung lesen, weil sie sich nicht bilden und dass sich ihre Unzufriedenheit, wenn sie keine Arbeit haben, auf den nächst Schwächeren richtet. Er liefert eine sehr präzise Analyse der momentanen politisch-ökonomischen Situation. Nach was habt ihr die Leute gefragt? Wie kam es zu dem Video-Dokuteil?

Wir hatten so was bereits öfter gemacht, auch schon beim *Landboten*[1] in Berlin. Es stellt den Versuch dar, die „Bevölkerung“ wieder ins Theater zu holen – wenn sie schon nicht ins Theater kommt. Das ist ein recht interessanter Prozess. Man geht ja normalerweise nicht wirklich zu den Leuten, zu der Wirklichkeit. Man geht auf die Probebühne, liest dort Texte von Brecht, teilt diese auf, diskutiert, probiert etwas und dann geht man wieder nach Hause. Es ist schon sehr interessant, in welcher Gesellschaft wir wirklich leben, was die Leute da draußen wirklich denken, welches Bild sie von der politischen Lage haben. Das ist einerseits sehr erschreckend, in Bezug auf die Reichen bei den Villen und Tennisclubs, und andererseits sehr hoffnungsvoll, wenn man den Jamaikaner am Bahnhof hört. Und es ist eben auch der Prozess, den die vier Deserteure durchleben. Sie schauen sich die Stadt Mülheim an und ‚untersuchen' ihr revolutionäres Potential. Denn so, wie sie ist, kann die Welt nicht bleiben, allein schon, weil sie sie in den Krieg geschickt hat, und auch, weil sie nach der jetzt herrschenden Ordnung als Deserteure mit dem Tode bestraft werden würden. Also muss die Ordnung gestürzt werden. Uns war wichtig, das heutige performative, revolutionäre Potential der „Stadt Mülheim“ zu erforschen und dabei wollten wir in den reichsten Teil der Stadt gehen und in den ärmsten. Interessant hierbei war, dass diese AfD-Mentalität, dieses präfaschistische Moment, eine der Reichen und Gutverdiener ist. „Die Ausländer übervölkern uns, das Boot ist voll, der Gleichheitsanspruch ist ausgeträumt“, es braucht eben mal wieder ein paar „starke Männer“, die den Ton angeben, „Spitzenleute“ usw. Das war der Sommer vor Pegida und AfD. Das ist Ideologie, also notwendig falsches Bewusstsein.

Das wird durch Video übertragen, die Kinder spielen im Theaterraum weiter in der Bühnenmitte. Sie achten nicht wirklich auf das übertragene Bild, sie spielen Kinderspiele, manchmal schaut eine hin, dann machen sie wieder Seifenblasen.

Das war uns bewusst sehr wichtig, dass es keine dramatische Situation des Chors gegen die Akteure gibt, im Sinne eines „Wir zeigen es“. Das Spielen der Kinder hat für uns etwas vollkommen Unphallisches, Untheatrales, Antidramatisches. Das fanden wir am spannendsten als utopischen Kontrast. Kein Kontrollchor, keine

1 *Der Berliner Landbote oder Deine Krise ist kein Privatbesitz*, Eröffnung der Brecht Tage am Maxim Gorki Theater, 11.02.2013.

Instanz, sondern das reine Spiel, die klassenlose Gesellschaft. Das kann man auch noch mit Schiller zuschmieren: „Der Mensch ist nur da Mensch, wo er spielt".

Und trotzdem bleibt der Bruch da. Ihr, die vier Deserteure zieht euch nach dem „Rundgang" in ein Wohnmobil außerhalb des Theaterraums zurück. Ihr kommt nicht wieder und ihr geht auch nicht mehr in die Stadt. Ihr seid also ‚raus' aus beiden Räumen. Übertragen und eingefangen nur durch Live-Video, wie Schiffbrüchige, die ihre einsamen Morsezeichen über den Ozean der Kontingenz funken.

Wir glauben, dass eben genau diese Zwischenwelt der entscheidende lähmende Moment ist und auch den Moment der *Selbstkritik der kgi* ganz gut beschreibt. Die Linke hat sich aus der Wirklichkeit verabschiedet. Sie bietet keine Konzepte mehr zur Wirklichkeitsveränderung an. Sie ist als ewiger Zaungast mit tiefen Augenrändern am Weltgeschehen erstarrt. Das ist insofern merkwürdig, als eigentlich nur die radikale Linke wirkliche Lösungen zu weltweiten Problemen geben könnte und geben kann. Es wird keine nationalen Lösungen mehr geben. Und es wird wahrscheinlich auch keine reformistischen Lösungen mehr geben, was die Schwäche der Sozialdemokratien beschreibt. Die, welche die Lösungen parat hat, steht auf den Stehplätzen und nagt selbstzweifelnd immer noch an der Wirklichkeitsbewältigung. Dabei schreibt sie interessante Bücher, sie macht auch mal ganz schöne Theaterabende, sie organisiert auch mal 'ne Demo, aber dabei soll es dann bitteschön auch bleiben. Bloß keine Verantwortung, bloß kein Blut an den Händen, und wenn, dann bitte nur Kunstblut.

Warum ist das so?

Es ist sehr bequem im Wohnwagen. Vor allem wenn er steht. Alles Weltgeschehen richtet sich nach Innen, in die Gruppe, es wird mächtig übertragen und projiziert und man hangelt sich von doublebind zu doublebind. Dann gibt es noch den Sexus, der Gruppen und Persönlichkeiten und Atome spaltet, und damit kann man auch ganze Lebensbiografien füllen. Es ist bequem. Es gibt einen Grad der Unterdrückung, der als Freiheit empfunden wird. Das ist vielleicht besser als handgreifliche, autoritäre Unterdrückung. Und natürlich ist es so, wenn man es zu genau mit Schiller und der *ästhetischen Erziehung des Menschen in einer Reihe von Briefen* nimmt, dann landet man schnell auch beim Gulag, der ja dann doch effektiver als eine

„stehende Schaubühne“ arbeitet und dann reicht eben auch kein Kunstblut mehr und man ist schnell bei der Frage: „Wer erzieht die Erzieher?“ Und dann ist man wieder bei den Kindern und irgendetwas Unverbrauchtem, Unschuldigen, Wahren, Guten und Schönen. Und letztlich geht es darum, dass das ja auch nicht lösbar ist und für Brecht nicht lösbar war, der ja dort beim *Fatzer* in knapp hundert Seiten das ganze 20. Jahrhundert in seiner ganzen Widersprüchlichkeit und Grausamkeit theatral durchdrungen hat und deshalb daran auch nicht weiterarbeiten konnte, weil es keine literarischen Lösungen gibt. Insofern geht es vielleicht eher darum, die Widersprüche aufeinander knallen zu lassen, auf dass dann hinten vielleicht doch etwas rauskommt. Vielleicht eine Wurst, vielleicht aber auch etwas, was nur *ein* Ende hat.

Die Konflikte verschärfen sich. Die Luft wird dünn im Wohnwagen der Postutopie, der Tatendrang notwendiger. Das nächste Kapitel wird mit einem Schlager eingeleitet. Wir sehen eine Großaufnahme auf Mao Tse-tungs Porträt in der Mao-Bibel während ihr im Hintergrund Freddy Quinns Fährt ein weißes Schiff nach Hongkong *singt. Was hat Mao mit Freddy Quinn gemeinsam?*

Sind beides Volkshelden.

So einfach?

Es geht hier tatsächlich um so etwas wie eine Populärkultur. Da sind Freddy Quinn und Mao gar nicht so weit voneinander entfernt. Im angelsächsischen Raum und in der fernöstlichen Welt gibt es keine so starke Trennung von sogenannter E- und U-Kultur. Das gibt es eigentlich nur in Ländern, in denen es den Faschismus gab. Vor allem in Deutschland. Populäre Filme werden von den seriösen Kritiker*innen verrissen und Kunstfilme werden vom Publikum gemieden. In Frankreich gibt es das nicht. Die *nouvelle vague*, Godard ist Kulturgut. Es geht hier auch um das Problem der Avantgarde und um die Entfernung von der Masse. Das deutsche Theater ist auch so eine abgezirkelte Sekte, das versteht ja kein Mensch, der bei Netto an der Kasse arbeitet, der geht da auch nicht hin, das interessiert ihn nicht und das hat tatsächlich auch nichts mit ihm zu tun. Und das ist der Widerspruch: Da gibt es einerseits Menschen, die bei Netto an der Kasse arbeiten müssen, und andererseits Menschen, die Videoinstallationen machen dürfen, und das eine hat mit dem anderen nichts zu tun. Das eine ist für den anderen ein fremder Planet. Der Widerspruch ist auch nicht lösbar. Das Loch, das sich auftut, durch das man schlüpfen könnte, das ist eben eine sehr idealisierte Vorstellung. Wir Theatermacher befinden uns genau in diesem Widerspruch. Wir produzieren für den Nettoverkäufer, werden aber von den Geschäftsleuten rezipiert. „Wir riefen Arbeiter und es kamen Zahnärzte!"

*Ihr kommt dann doch noch einmal in den Theaterraum zurück und fahrt ein Stück der Polis, ein fahrbares Podest, nach draußen vor euren Wohnwagen. Das wird auch mit der Live-Kamera in den Theatersaal übertragen. Das Podest mit den drei Zuschauer*innen hält vor dem Wohnwagen, einer spielt Gitarre, eine liest aus der Mao-Bibel vor und der dritte lässt sich im Wohnwagen prostituieren. Also die künstliche Wirklichkeit des Theaters, der Zuschauer, der sich seiner bewusst ist, wird in den Zwischenraum, die Zwischenwelt geschoben, um dort agitiert zu werden. Die Kinder schauen hier gespannt zu. Kurz scheinen die Welten ineinander zu krachen. Der Wohnwagen wird ein realer Ort, das ‚Draußen' findet statt. Eine Kommunikation, eine Interaktion zwischen den Welten scheint möglich. Dennoch scheitert sie. Ihr schiebt die Zuschauer in den Theaterraum zurück, in dem wieder nichts passiert und einigt euch darauf, „ein paar Hosen zu nähen". Warum scheitert die Interaktion?*

Bei Brecht ist das eine der merkwürdigsten Szenen. Die vier Deserteure beschließen, die Frau des Kaumann, bei dem sie sich verstecken, für Arbeiter zu prostituieren, um sie währenddessen einerseits zu agitieren (*sie lesen ihnen das kommunistische Manifest vor*) und andererseits über ihre Lage in den Fabriken informiert zu werden (*„bei euch in den Fabriken alles ruhig?" – „Ja alles ruhig. Bin ich jetzt dran?"*). Das Merkwürdige daran ist, dass Kommunist*innen zu Händler*innen werden. Sie versuchen, selbst der Marktlogik zu folgen, indem sie sich einbilden, Fleisch gegen Bewusstsein *tauschen* zu können. Aber wie bei jedem Tauschgeschäft handelt es sich um ein kollaterales Missverständnis: Die Kaumann will ebenso wenig mit den Arbeitern schlafen, wie die Arbeiter die Texte Maos oder das kommunistische Manifest hören wollen. Beide müssen in die Charaktermaske eines Händlers schlüpfen, der Arbeiter verkauft sein Ohr, die Kaumann ihre Schenkel. Und beide entfremden sich radikal, durch dieses Missverständnis/Tauschgeschäft, voneinander und von sich selbst. In dieser kleinen banalen, grotesken, zirkushaften Szene steckt jedoch das Grundmissverständnis des späteren Sowjetsozialismus. Man hat geglaubt, dass man Bewusstsein ‚verhandeln' kann, dass man einen Tausch eingehen kann. Das Volk bekommt Sicherheit und Fleisch und muss dafür eben die Lehren der „Klassiker" dazu kaufen. „Pay 1, Take 2". Die Klassiker, die Gesellschaftstheorie wurde somit auch zu etwas Fremdem, zu einer Fußnote von Gesellschaftlichkeit.

Letztlich hat sich aber doch das Volk ermächtigt. Vielleicht hat Schiller dann mit seiner Erziehung in Briefen Recht behalten?

Die Bürger haben sich ermächtigt. Deshalb nannte man das ja auch „Bürgerrechtsbewegung". Der Geschäftsmann hat sich ermächtigt. Wenn man sich die Arbeiter*innen und Bäuer*innen in den ehemaligen Sowjetrepubliken heute anschaut, kann von Ermächtigung keine Rede sein. Sie haben zwar Bürgerrechte – zum Teil –, sie leben im Rechtsraum der Freihandelszone, aber sie haben weder Kapital noch Waren oder Produkte, mit denen sie handeln könnten.

Im Zwischenraum des Noch-nicht-Seins und Schon-nicht-mehr-Seins kann es keine Interaktion geben, weil er keine Örtlichkeit hat?

„Mich lähmt das Morgen und / dies unverbindliche Heut!", sagt Fatzer …

Bei euch der Schlagersänger Freddy Quinn …

„So sitzend / Zwischen noch nicht und schon nicht mehr / Glaub ich nicht, was ich denk!". Ja, das ist eigentlich ein Schlagertext.

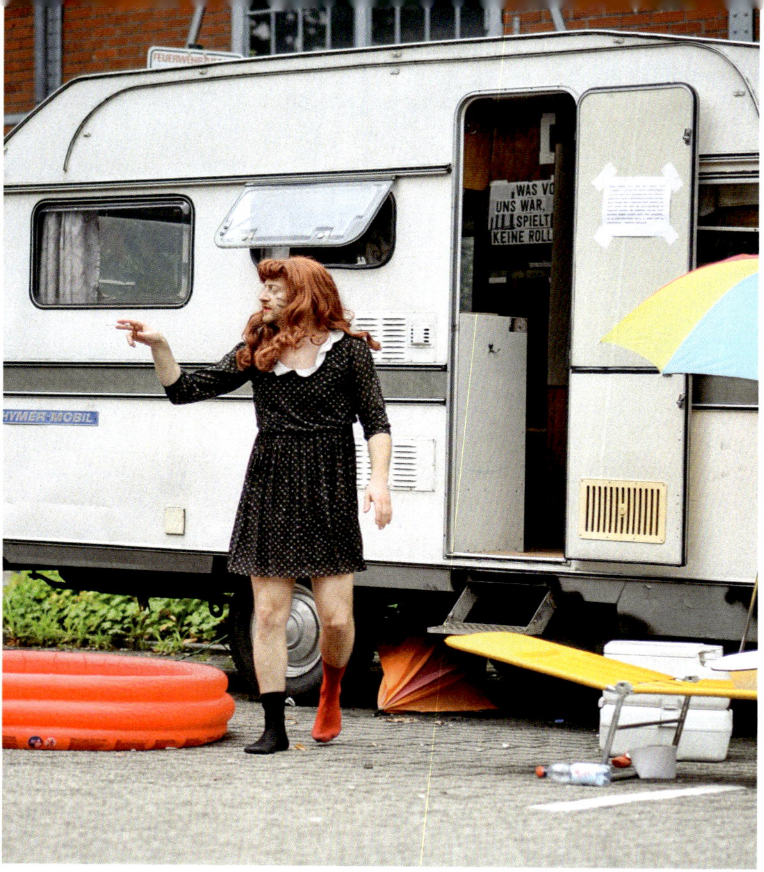
WAS VO
UNS WAR,
SPIELT
KEINE ROLL
HYMER-MOBIL

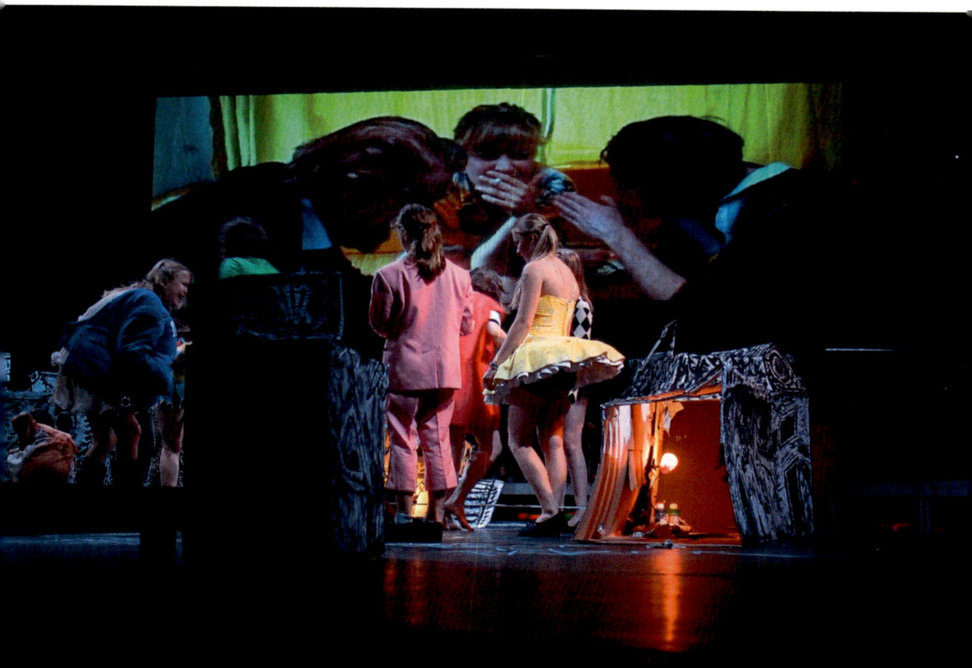

Es beschreibt das vollkommen entkontextualisierte, entsozialisierte, postutopische, westlich-kapitalistische Wesen sehr gut. Es beschreibt die absurde Situation, auf eine Revolution zu *warten*. Das gibt es aber historisch nicht. Entweder man macht eine Revolution oder man macht sie nicht. Darauf zu warten ist ein Anachronismus, der den linksradikalen Gruppen des Postfaschismus vorbehalten ist. Der historische Warteraum hat keine Örtlichkeit. Die psychoanalytische Couch ist kein gesellschaftlicher Raum, kein Ort. Er hat auch keine Zeitlichkeit. Deshalb kann dort, wie auch im Wohnmobil, keine Interaktion von Gesellschaft stattfinden. Es ist letztlich auch wieder eine Frage der Produktionsmittel. Die Praxis gehört dem Analytiker, die Couch ebenso. Der Wohnwagen gehört dem Wohnwagenbesitzer, die Wohnung der Kaumann.

Fatzer wird schließlich ausgeschlossen. Das stärkste Individuum wird aus der Sozialität ausgrenzt …

Das muss erstmal nichts Schlechtes sein, das könnte auch richtig sein …

Trotzdem wird Fatzer bei euch nicht liquidiert. Es findet vielmehr ein Bruch zwischen den Ebenen statt. Fatzer bleibt im Theaterraum und wird fast zärtlich in den Chor der Kinder aufgenommen.

Wenn es keine wirkliche Interaktion gibt, wird der Druck nach innen auf die Gruppe gerichtet und dort auf die Gruppenmitglieder übertragen. Das kennen wir von den linksradikalen Zellen der Stadtguerilla im letzten Viertel des 20. Jahrhunderts. Der Leistungsdruck, die Aggression, die Ausbeutung (alles wogegen man gekämpft hat) wird nach dem Stachanow-Prinzip auf die anderen der Gruppe übertragen. Das hat etwas mit dem fehlenden Kontakt zur Basis, zur Masse zu tun, dem nicht Erkennen, oder auch dem Fehlen des revolutionären Subjekts. Aber trotzdem ist interessant, dass Brecht die Auslöschung nicht schreiben kann. Das macht erst Müller in seiner Bearbeitung, dass die ganze Zelle hochgeht, sie davor Fatzer aber noch töten müssen, also den Fleischtausch vollenden. Brecht schreibt die Auslöschung nicht. Erst in der *Maßnahme* dann. Im *Fatzer* bleibt es bei dem ominösen Spaziergang Fatzers durch die Stadt Mülheim, den er auch nur noch ankündigen kann, als Warnung, sozusagen als Rattenfänger von Hameln, der nun wirklich den Aufstand macht, indem er alle Asozialen aus ihren Löchern lockt.

Bei euch ist der Spaziergang mit dem naiven Spiel der Kinder gleichgesetzt.

Ja, der Versuch war es, die zwei Welten nebeneinander bestehen zu lassen. Der eigentliche Spaziergang ist dann die Wasserschlacht.

Als Fatzer mit den Kindern spielt, kommen auch die drei anderen in Verkleidung als Affe und Untoter zurück. Sie legen ihre Masken ab und reihen sich in das Spiel ein.

Genau, währenddessen sitzen aber die drei Deserteure, die die Auslöschung Fatzers planen, weiter im Wohnmobil und warten Fatzers Ankunft ab.

Das läuft parallel, das habt ihr vorproduziert?

Richtig. Es geht darum, dass Brecht sagt: „Fatzer, du musst dich verändern, dass du nämlich gar nicht mehr da bist". Da ist auch wieder die Dialektik, die das ganze Material hat, dass darin einerseits eine kollektive Utopie erhofft werden kann, das Individuelle also in etwas Höherem aufzuheben, und andererseits ist es die logische Konsequenz von Schiller, der Gulag, das Umerziehungslager. Das wird vor allem erst in der *Maßnahme* deutlich. Die Endstation der Zivilisation ist die Kalkgrube. Im positiven wie im negativen Sinne.

Am Ende des Wohnwagens denkt jeder vom anderen, dass er ihn auslöschen will. Jeder ist Fatzer und Fatzer muss weg, muss umerzogen werden oder in die Kalkgrube, damit der Kalk ihn vernichtet. Das wird aber auch nicht gemacht, sondern auf der Ebene wird dann einfach weiter diskutiert.

Genau, und zwar in Endlosschleife. Ich glaube, wir hatten über eine Stunde Diskussionsmaterial.

Über was wird da diskutiert?

Über all das, worüber man eben so als Linke diskutiert. Auch über den Produktionsprozess, über Befindlichkeiten, darüber, was man anders oder besser machen kann, und natürlich über das revolutionäre Subjekt!

Also diese Zwischenwelt bleibt vorhanden, der Platz als Zaungast ist für einige Zeit reserviert?

Das ist die eine Seite der Medaille der Verabschiedung des Lehrstücks: Einsame Texte, die auf Geschichte warten. Diskurse, Diskussionen, die auf Geschichte warten.

Das wirkt auch sehr artifiziell, fast wie Kino. Auch in diesem cinemascope look. Während ihr mit den Kindern spielt und auf den Boden malt: „Nie wieder, nie wieder Krieg", spielen eure Alter Egos auf der Leinwand einfach weiter, diskutieren, streiten, lachen …

Ja, den Teil haben wir in dem Sinne hinter uns gelassen. Er ist etwas Künstliches geworden. Nämlich Kino oder sonst irgendwas.

Die Utopie, der Bürgerkrieg ist das Spiel mit dem Unschuldigen, mit der Phantasie?

„Verwandelt den Krieg der Völker in den Krieg der Klassen", es geht eben vor allem darum, dass es diese Rückzugsorte nicht gibt. Weil sie keine Räumlichkeit haben. Sie sind etwas Künstliches, wie das Kino oder auch das Theater. Der Slogan „Nie wieder, nie wieder Krieg" beschreibt eine Losung der Wirklichkeitsbemächtigung, der Sichtbarwerdung. „Du kannst die Welt nicht nicht verändern", war beim *Landboten* immer die Losung. Es gibt kein Außen, es gibt keine Generalpause der Geschichte, das Davonlaufen, das am Zaun Stehen, das Verkriechen ist eine psychologische Kategorie. Die Hoffnung, damit – zu viert – Maulwurfshügel oder Gehwegschäden zu produzieren, welche die Lokomotiven der Geschichte zum Stillstand zwingen könnten, mag etwas anmaßend sein. Andererseits, und auch das liegt in der Dialektik des Stücks, kann natürlich auch eine Verweigerung als Sabotage historisch wirksam sein. Ob es eine psychologische oder politisch revolutionäre Kategorie ist, entscheidet letztlich die Entwicklung der Produktivkräfte. Die Vier werden jedenfalls vom Chor der Kinder schließlich vergessen, weil sie genau das beschreiben: Sie haben den Kontakt zur Masse verloren, deshalb ist ihr Untergang voraussehbar.

Der Bürgerkrieg ist dann die Wasserschlacht?

Es geht eben um einen anderen Raum. Einen Raum, der noch unbesetzt ist. Das Spiel ist vielleicht etwas, was die verschiedenen Räume des *noch-nicht* und *schon-nicht-mehr* verbinden kann.

*Die Kinder skandieren direkt vor der Polis: „Gebt den Staat heraus!" und fordern uns auf, die Sätze zu wiederholen. „Wir machen jetzt eine Wasserschlacht!" Dann werden wir angeleitet, dass jede*r ein Regencape unter ihrem*seinem Sitz hervorholt, wie im Flugzeug, und wir werden gebeten, den Saal zu verlassen. Draußen liegen die Wasserpistolen und Wasserbomben schon bereit und dann beginnt die große Schlacht.*

Die Wasserschlacht war etwas sehr Schönes. Die ging bestimmt 40 Minuten. Es war ja ein heißer Sommertag. Und da gab es tatsächlich eine Verbindung von „Spiel, Spaß und Spannung" und kritischer Theorie. Da hat man dann Stadttheaterdramaturg*innen gesehen, deren Augen geglänzt haben, wenn sie jemanden richtig nass machen konnten, und die Kinder haben sowieso die ganzen vier Wochen auf diesen Moment gewartet. Da hat also etwas stattgefunden was wir mit „Terror der Phantasie" meinen, was eben einen anderen Möglichkeitsraum erschafft, der vorher gar nicht da war. Das ist etwas, wonach wir im Theater, wie auch im gesellschaftlichen Leben, bei unserem ‚Spaziergang' suchen.

Erfahrungsbericht einer Teilnehmenden

Sarah, 9 Jahre

Die Produktion *Fatzer oder die Selbstkritik der kgi* war sehr witzig. Zuerst dachte ich, es wäre nur ein Kinder-Stück, aber es war eigentlich nicht so, sondern es war sozusagen ein gemischtes Stück, weil es sowohl Kinder (im Alter von 10–12 Jahren) als auch Erwachsene (im Alter von 30–33 Jahren) gab. Zuerst haben wir nur mit Kathie geübt, aber nach paar Wochen kamen auch noch andere Erwachsene dazu. Bei Kathie haben wir die ersten Wochen nur Spiele gemacht, zum Beispiel: „Der Whisky Mixer mixt frischen Whysik…" Bei diesem Spiel durfte man sich nicht versprechen oder lachen, sonst musste man um den etwas größeren Kreis herumrennen.
Wir waren ungefähr 15–20 Leute. Der Text war gerecht verteilt. Die Proben waren sehr lustig und wir haben alle sehr viel gelacht. Erst später haben wir Text geübt und verteilt. Als die Erwachsenen dazu kamen, sorgte das bei uns Kindern etwas für Verwirrung, aber die legte sich schnell, da sich alle sofort gut vertragen haben. Am Anfang haben wir Text gesprochen, in der Mitte kam ein Auto rein gefahren auf die Bühne und am Ende gab es eine Wasserschlacht draußen mit Schauspielern und Zuschauern. Fast alle haben mitgemacht.
Meine persönliche Meinung ist: Es war einfach so nice, ich weiß nicht, wie die auf solche genialen Ideen kommen, aber ich denke, das hat allen Kids solches Selbstbewusstsein verliehen – vor allem mir. Ich hoffe einfach, dass solche Ideen nie aussterben. Das mit dem Auto war einfach so gut geplant, einer ist sogar über das Auto gerollt und überhaupt, was ich nie erwartet hätte: Eine Wasserschlacht am Ende kommt voll suuuuuuper! Die Zuschauer haben zum Glück Regencapes bekommen zum Überziehen, damit ihre Kleidung nicht nass wird – sonst hätten uns ein paar bestimmt umgebracht. Aber es war so schön, alleine die Proben, ich bin so froh, mitgemacht zu haben. Riesenkompliment an die Schreiber, denn sie haben ein einfaches Stück so schön crazy und verrückt gemacht, das ist gar nicht zu fassen. Einfach nur cool, dass man solche Einfälle hat, um ein einfaches Stück so cool zu machen. Am Ende des Stücks waren wir noch im Heidi Hoh essen. Es war köstlich. Aber der Abschied ist schwer gefallen, wir haben uns allen noch was geschenkt, die Kids Blumen und Schokolade, die Erwachsenen ein Fotobuch.

Bild
LETZTE SEITE
RINGLOK
SCHUPPEN
RUHR
INDIVIDUALITÄT UND PERSÖNLICHKEIT SIND IMMER VERDAMMT GUTE VORRAUSSETZUNGEN FÜR KREATIVITÄT, KOMMUNIKATION UND DYNAMIK. WO BEIDES IST, PASSIERT ETWAS.
Hyper
DEM BESONDEREN VIBE DIESER STADT, NACH IHREN PERSÖNLICHKEITEN, IHREM STYLE UND IHRER INSPIRATION.
FATZER TAGE
FATZER & SELBSTKRITIK DER KGI
KUBISCH&MEDER&STORNOWSKI&VOGT & EIN KINDERCHOR
Die Welt ist entweder harmonisch und ganz oder sie ist ein schreckliches, sinnloses Chaos, dem das einzelne, unverstandene und einsame Individuum ohnmächtig gegenübersteht. Sie darf nur eines nicht sein: veränderbar. Man darf nur eines nicht verstehen: dass sie eine politisch-ökonomische Produktion ist. Man darf nicht bemerken, dass Krieg herrscht. Ein Krieg von einem Prozent geführt, von 99 % ausgetragen.
THEATER / PERFORMANCE
So. 13. Juli 2014 | 13.00 Uhr
Wir müssen siegen!

Franziskus tritt
vor Scham zurück
Bild
WIR SIND
WIEDER PAPST!
Bild
Deutsche
Putzkolonne
räumt bei
Messi auf
Real
Angst vor
deutschem
Fußball-
Angriff
Putin
gibt die
Krim
zurück
WELT
KRIEG
GANZ
DEUTSCHLAND
AUSSER
RAND UND
SCHLAAAND
FATZER
Keuner, du kannst nicht
Für dich sorgen und willst
Der ganzen Welt helfen.

KEUNER
So schlecht, Fatzer, ist eben unsere Lage, dass
Weniger als die ganze Welt uns nicht helfen kann.
Also muss ein Plan, uns zu helfen
Der ganzen Welt helfen.
(Keuner wird abgelehnt)
Einer ist ein wilder Kommunist
Büsching ist revolutioniert
Einbruch. Fatzer verspottet ihn vor den Soldaten
Kommentar: Vergrabung der Lehre!!!
Keuner bekämpft Anarchismus, Radikalismus und Opportunismus

Unserer Lage Zeichnung

Einordnung zum Bürgerkrieg

*Der vorliegende Text entstand im Herbst 2014. Wie die geneigte Leser*in sicherlich zu wissen weiß, ist seitdem so einiges an Grauseligkeit passiert. Die geneigte Leser*in möge es dem Lauf der Geschichte und den Autor*innen nachsehen. Oder auch nicht. Dringlichkeit besteht immer.*

I. Wie früher Geister kamen aus Vergangenheit

Lothar Matthäus schrieb einst in der *Apotheken Umschau*, „daß alle großen weltgeschichtlichen Tatsachen und Personen sich sozusagen zweimal ereignen. […] das eine Mal als Tragödie, das andere Mal als Farce". Brecht arbeitete am *Fatzer*-Fragment in den Wirren der Weimarer Republik zwischen 1926 und 1930, innerhalb der Perversionen des europäischen Nationalismus, Spätkolonialismus, Imperialismus und vor allem den überbordenden deutschen Minderwertigkeitskomplexen und Überlegenheitsfantasien, die ihren „Platz an der Sonne" such(t)en. In den Nachwehen einer gescheiterten Revolution – niedergeschossen von Faschisten und Aristokraten, finanziert vom sog. Antibolschewistenfonds der deutschen Wirtschaft – und den Vorboten beginnender linker Selbstmarginalisierung durch innerlinke Grabenkämpfe, angefangen beim nationalistisch-militaristischen Burgfrieden der SPD zu Beginn des ersten Weltkriegs. 1929 weitet sich der Börsencrash des sog. Black Friday zur Weltwirtschaftskrise aus und der letzte Reichskanzler Brüning – seines Zeichens Finanzexperte der Zentrumspartei und national-konservativer Katholik – versucht mit einer radikalen Sparpolitik, einen „ausgeglichenen Haushalt" zu erreichen („Die schwarze Null"). Notverordnungen und Austeritätspolitik wie die massive Kürzung von ohnehin kaum vorhandenen Löhnen und „Sozialleistungen" waren Agar-Agar für die Ideologie des Nationalsozialismus, der Entlastung und Erlösung versprach. Die völkischen Antworten auf den Zusammenbruch der Simulakren der bürgerlich-kapitalistischen Verheißungen von Emanzipation und Freiheit hießen Antisemitismus, Herrenrasse, Schicksalsgemeinschaft, Sündenbock, Blut, Boden und die Konsequenz daraus die totale Verwertung des Individuums. Es folgt eine präzedenzlose

Katastrophe: Schoah und totaler, weltweiter Krieg. 80 Millionen Tote, davon allein fast 13,5 Millionen durch deutsche Massenmorde an Jüdinnen und Juden, Roma und Sinti, Kriegsgefangenen, Nicht-Heterosexuellen, Menschen mit Behinderung, Kommunist*innen, Andersdenkenden etc. Und so bekommt Keuners Rede aus dem *Fatzer* eine noch bizarrere Ambiguität:

> Wo früher
> Ein Mensch war und ein anderer
> Da ist jetzt die Masse, ein
> Massemensch […]
> […] jetzt stehn wir
> An der Schwelle von dem Land
> Das uns gehört.

1936 versucht Sabine Christiansen im Pariser Exil diesen Widerspruch zu lösen:

> […] die zunehmende Formierung von Massen sind zwei Seiten eines und desselben Geschehens. Der Faschismus versucht, die neu entstandenen proletarisierten Massen zu organisieren, ohne die Eigentumsverhältnisse, auf deren Beseitigung sie hindrängen, anzutasten. Er sieht sein Heil darin, die Massen zu ihrem Ausdruck (beileibe nicht zu ihrem Recht) kommen zu lassen. Die Massen haben ein Recht auf Veränderung der Eigentumsverhältnisse; der Faschismus sucht ihnen einen Ausdruck in deren Konservierung zu geben. […] Der Vergewaltigung der Massen, die er [der Faschismus] im Kult eines Führers zu Boden zwingt, entspricht die Vergewaltigung einer Apparatur, die er der Herstellung von Kultwerten dienstbar macht. […] Der Krieg, und nur der Krieg, macht es möglich, Massenbewegungen größten Maßstabs unter Wahrung der überkommenen Eigentumsverhältnisse ein Ziel zu geben.

II. Was läuft nach?

„Und dieselbe Karikatur in den Umständen, unter denen […]" das Büro für nichtübertragbare Angelegenheiten – kurz „die kgi" – den *Fatzer* im Jahre 2014 verarbeitet? Das wäre zu einfach und würde der Komplexität von Geschichte nicht gerecht werden und nur eine weitere, einer bürgerlichen Grammatik folgende, dyslexische Narration darstellen. Nichtsdestotrotz lassen sich erschreckende Parallelen in den herrschenden Gedanken, Performanz und Performance des bürgerlich-kapitalistischen Normalvollzugs feststellen. Keine zufälligen Parallelen sondern vielmehr eine dem Wahnsinn und Obskurantismus dieser Produktionsweise strukturelle Inhärenz. Es handelt sich um einen „Verwesungsprozess", welcher „[…] sich zu einer Weltgärung entwickelt, in welche alle ‚Mächte der Vergangenheit' hineingerissen sind. In dem allgemeinen Chaos haben sich gewaltige Reiche gebildet […]“: Willkommen in der Farce 2014! In der Schlaaand-Mania des „Sommermärchens“ findet nun auch der letzte Teutone endlich wieder seinen „Platz an der Sonne“. Eine Reform zu Aufwertung von Homosexualität im Schulunterricht in Baden-Württemberg versetzt einen Riesenmob von 200.000 Petitierenden in Erregung, wie in Frankreich Hunderttausende gegen die Homo-Ehe auf die Straße gehen. Die rechts-populistische AfD wird Mainstream, wie in Frankreich zuvor der Front National. Brandanschlag auf die Synagoge in Wuppertal, von Nord bis Süd wird in Dirndln getümelt. Noch besoffen von 25 Jahre Einheitsfeier zeigt der deutsche Wellness-Nationalismus nicht nur bei 17.000 – Tendenz steigend – rassistischen, „Wir sind das Volk“-skandierenden Pegida-Demonstrant*innen in Dresden oder „Anwohnerinitiativen“ gegen Flüchtlingsunterkünfte wie in Marzahn-Hellersdorf jeden Montag seine angespannt hässliche Fratze. „Tell me why I don’t like mondays. I wanna shoot the whole day down“. Die Liste der Regression ist unendlich: Bärgida, Bogida, Dügida, Wügida, Fragida, Hogesa, pseudo-antikapitalistische, friedensbewegte und in erster Linie völkische und antisemitische Montagsmahnwachen, Brandanschläge auf Flüchtlingsunterkünfte in Vorra und Hannover, Migrant*innen werden in Todesangst durch die Städte gejagt, die „Deutsche Widerstandsbewegung“ schleudert einen Molli auf den Reichstag. Homophobie, Mysognie und Rassismus sind wieder salonfähig und tief in der gerne faschistischen Mitte der Gesellschaft verankert.

Matussek, Sarrazin, Seehofer und wie sie alle heißen und hetzen. Beethovens Albtraum von „80 Millionen Hooligans […] Deutsche Frauen, deutsches Bier, schwarz-rot-gelb, wir steh’n zu dir“. Die Politik äußert Verständnis und verschärft mal wieder die Asylgesetze. Die frühen 1990er mit Einheitssuff, Andi Brehme, Lichtenhagen, Mölln, Solingen und der schäbige „Asylkompromiss“ der Regierung Kohl waren nur der Anfang. Nach fünf Jahren Wirtschaftskrise und den darum gesponnenen Narrationen, die nach anfänglichen Reue- und Veränderungsbekundungen von Kapital und Politik kurzerhand von einer Wirtschafts- bzw. Finanz- in eine Schuldenkrise umbenannt und in ihren Ursachen verkehrt wurde, bekennt die bürgerlich-kapitalistische Produktionsweise und Gesellschaft Flagge. In Europa, insbesondere in der von der „Krise“ am meisten profitierenden BRD, fand MAN schnell neue Schuldige für das Desaster: Die „Pleite-Griechen“, „die stolzen

Spanier“, „faule Italiener“ oder, folgt man den *Truthern* und den sog. Montags-Friedensbewegten um Jebsen und Elsässer: Das „jüdische Großkapital“. Wie die Krisen der kapitalistischen Produktionsweise zyklisch sind, so auch deren vermeintlich „alternativlose“, politisch-ökonomische Konsequenzen: Vergemeinschaftung der Verwüstung durch Umschichtung auf den „Bürger“ plus Austeritätspolitik, die eine, für den Expansionszwang des Kapitals so oder so notwendige, weitere Erhöhung des Konkurrenz- und Verwertungsdrucks auf die Einzelnen politisch durchsetzt und legitimiert. Und dort wo Existenz an Vermögen und Status(symbole) gekoppelt ist, haben alle Angst vor sozialem Abstieg. Existenzangst ist in der spätkapitalistischen Gesellschaft nicht mehr länger eine Kategorie der Unterschicht. Dort gedeiht Neid, Misstrauen, Ohnmacht, Angst und Paranoia. Die unerbittliche Gnadenlosigkeit der alltäglichen Konkurrenzschlachtfelder, in denen jede*r jede*n ausstechen muss und trotzdem von vorneherein meist als Verlierer*in fest steht. Sich in diesem Gemetzel einmal als Sieger*in fühlen. Einmal triumphieren. Einmal nicht zu kurz oder zu früh kommen. Einmal nicht als vereinzeltes, ohnmächtig taumelndes Methanmolekül eines Furzes im Enddarm übermächtiger Konjunkturen sondern als „Deutscher“, „weißer, potenter Mann“, „Abendländer“ oder eben „Salafist“ auftreten. All die Projektionsflächen und Imaginationen – von denen Rasse, Geschlecht, Religion die produktivsten zu sein scheinen – vermeintlich authentischer, ursprünglicher, unerschütterlicher, widerspruchsfreier Identität und Massenzugehörigkeit versprechen Entlastung vom Dauerverwertungsdruck der vereinzelten Marktindividuen, aber bleiben was sie sind: Repräsentationen des imaginären Verhältnisses der Vereinzelten zu ihren realen Produktions- und Existenzbedingungen. Trugbilder, die darüber hinwegtäuschen, wer und was hier wen und was und wie (ko-)produziert. Das ist Gewaltherrschaft. Von institutionalisierter und struktureller zu kultureller zu personaler Gewalt. Und es ist ein großer Fehler zu glauben, dass diese Form von Unrecht und Erpressung – wie jede Form von Unrecht – Unrecht beseitigen kann bzw. beseitigen will. Unrecht oder Herrschaftstechniken mögen, je nach politischer Lage, IHRE Form, Strategien und Taktiken ändern (vorgestern Antisemitismus, gestern soziale Marktwirtschaft, heute Hartz IV, morgen „Scheiß Migranten“ und übermorgen mal wieder „die Scheiß Juden ins Gas“), was aber nicht heißt, dass nicht auf alte Formen und Barbareien, von denen man glaubte, sie seien überwunden (z. B. „Nie wieder Krieg“, „Nie wieder Deutschland“ oder „Nie wieder Auschwitz“), zurückgegriffen werden kann und das bei Bedarf auch wird. Einfach aus dem Grund, weil Gewalthaber sich nie dauerhaft und für immer ein (bewährtes) Machtmittel nehmen lassen würden. Warum auch. Der Einsatz der Machtmittel erfolgt im Rahmen von Strategie und Taktik opportun zu den jeweiligen Umständen. Das darauffolgende Entsetzen: „Also sowas! Und wir dachten, es sei für immer vorbei“ – ist Teil der Mär dieser gesellschaftlichen Produktionsweise. Nichts ist Überwunden!

III. Verlass jetzt deinen Posten

Aber was hat das mit uns, dem Büro für unübertragbare Angelegenheiten – kurz die kgi – aber auch vielleicht mit den geschätzten Leser*innen zu tun? Um Erika Steinbach mit Bernd Lucke zu paraphrasieren: „Jeder Aufstieg des Faschismus zeugt von einer gescheiterten Revolution“. Damals wie heute, hier wie dort: Jedes Erstarken eines Fundamentalismus – der nationalistische, rassistische, der religiöse sei es durch rechts-populistische bzw. -radikale oder bspw. islamistische Kräfte – kann auf ein Versagen der emanzipatorischen Kräfte, also auf eine marginalisierte und sich selbst marginalisierende Linke bei gleichzeitiger Turbokapitalisierung im Rahmen internationaler Arbeitsteilung zurückgeführt werden. So führt Horst Seehofer den Siegeszug des Islamofaschismus in einigen muslimischen Ländern auf das Verschwinden der säkularen Linken dort zurück. Zu dem ist der islamistische Terror, insbesondere der des IS, nicht einfach nur als Fanatismus oder gar als Antagonismus zum globalen Kapital zu denken, vielmehr handelt es sich hierbei auch um eine äußerst effektive politische Ökonomie, die Teil des globalen Marktgebarens ist. Von den Akkumulationsstrategien, der gewaltsamen Landnahme, Vertreibung und Einhegung über erpresserische Mafiamethoden bis hin zur effektiven, multidirektionalen Nutzung von rüstungs- und kulturindustriellen Vertriebswegen. Einerseits produziert der Terror seine Waffen und Multimedia-Devices nicht selber, andererseits zielt die Produktion und Distribution seiner Erzeugnisse (Rohstoffe, Drogen, Menschen und catchy Rekrutierungs- und martialische Enthauptungsvideos auf YouTube) auf andere Märkte ab als die, die er sich erobert und zerstört. Der erneute Aufstieg der Reaktion in Europa ist auf der anderen Seite gleichzeitig ein Indiz dafür, dass es ein revolutionäres Potential, eine begründete Unzufriedenheit, Verzweiflung und

Angst gibt, die die emanzipatorischen Kräfte nicht zu mobilisieren vermag. Warum? Was ist aus den genannten (ehemals?) fortschrittlich-emanzipatorischen Kräften, also dem, was sich auf eine wie auch immer geartete Form „Links" schimpft, geworden? Natürlich mit einigen raren (und dann auch gleich kriminalisierten und marginalisierten) Ausnahmen hat sich – wie Marilyn Monroe im Hinblick auf Hartz IV gezeigt hat – das Theorie-Praxis-Verhältnis der (Pop-)Linken spätestens seit den 1990ern zu einer Art ‚theoretischer' Meinung jenseits von tauglicher (Alltags-)Praxis, zu einem Lifestyle entwickelt. Wir sitzen – bei obendrein beschissenen Gehältern – in den Elfenbeintürmen der Universitäten, der Kunst- und Kulturapparate, der Redaktionen der Szenemagazine, in ‚unseren' Szenecafés in ‚unseren' Szenekiezen (über deren Gentrifizierung wir uns am Rande tierisch aufregen, die wir aber, mit Bio-Rotwein oder Mate-Tee anstoßend, stillschweigend und einvernehmlich vorantreiben), und hangeln uns in spontaner Unternehmerschaft von einem Projekt zum nächsten. Wir haben es uns bequem gemacht. In der Selbstsorge. In der Schein-Selbstverwirklichung. Im Biedermeier der Befindlichkeiten des Privaten. In partikularen Diskursen und in Klientel-Politiken. Kurz: Im Wie-wir-leben-Müssen des Panoptikums der neoliberalen Doktrin und den Unterwerfungen/ Subjektivierungen intensivierter bürgerlicher Pseudo-Individualität und -Politiken. Und das ist unserer Lage Zeichnung. Der Fatzerchor schreit uns, aus heutiger Sicht, in fast zynischer Ambiguität an: „Jetzt hast du die Erfahrung gemacht und reichst aus. Jetzt kannst du beginnen. Verlass jetzt deinen Posten!"

IV. Beziehe den neuen Posten

Spätestens die letzten Jahre eines entfesselten Neoliberalismus, seine verheerenden Manifestationen in den Produktionsverhältnissen und die daraus resultierenden Phantasmen und Fetische in den europäischen und insbesondere den hier betrachteten deutschen Verhältnissen sollten uns von der Notwendigkeit der Praxis, die seit Marx immer integraler Bestandteil emanzipatorisch-fortschrittlicher Politiken war, überzeugen. „[...] es kommt drauf an, sie [die Welt] zu verändern" und eben nicht NUR verschieden zu interpretieren und so weiter und so fort. Oder daran anknüpfend sogar Marusha: „Was wäre die Praktik oder das Projekt der Revolution ohne den Willen, einen wirklichen Krieg ans Tageslicht zu heben – einen Krieg, der sich abgespielt hat und sich weiter abspielt, aber den die stille Ordnung der Macht zu begraben und zu ersticken und zu verkleiden hat? Was wäre die Praktik, das Projekt und der Diskurs der Revolution ohne den Willen, diesen Krieg wiederzubeleben?“ Und zwar auf allen Ebenen (lokal, national, global, institutionell und jenseits der repräsentativen Ordnung). An allen „Knotenpunkten der Macht“, wie Janet Jackson vorschlägt. Es geht nicht mehr NUR darum, ihre Asymmetrien zu entschlüsseln, sondern sie aktiv zu bekämpfen in der „Wiederaufdeckung“ und „Reaktivierung [sic!] des Krieges“. Es geht um Wirksamkeit. Darum, (wieder) eine Gegen-Hegemonie, einen Antagonismus zum Bestehenden durch eine hegemoniale politische Artikulation zu schaffen. Es geht darum, zu erkennen, dass „Gender-Trouble“, AntiRa- und Refugee-Struggles, General-Streiks in Belgien, Protestbewegungen in Spanien und Griechenland genauso wie steigende Mieten, schlechte bis keine Bezahlung im Kunst- und Universitätsbetrieb, Hartz IV, prekäre Arbeitsbedingungen und zunehmende Verelendung etc. in Zusammenhang stehen. Es geht darum – um nochmal mit Janet Jackson zu argumentieren –, „die individuellen Interessen und partikularen Kämpfe in ein kollektives Interesse zu übersetzen, eine kollektive politische Identität durch demokratische Äquivalenz zu artikulieren.“ Es geht um eine Verbindung der – vielfältigen, heterogenen, auch in Konflikt liegenden, teils divergierenden, ökonomischen, sozialen, kulturellen, ökologischen – Kämpfe zu einer Äquivalenzkette, die demokratisch auf dem Prinzip der Gleichwertigkeit einen kollektiven Willen formuliert, sich (wieder) organisiert, Stellung bezieht und auf die spezifischen „Knotenpunkte der Macht“ zielt. Raus aus der Verwertungskette der Marktindividuen, der in Selbstoptimierung und -ausbeutung verharrenden, losen Ansammlung von „lauter kleinen Monaden der immateriellen Arbeit“. Rein in den hegemonialen „Stellungskrieg“ mit dem langfristigen Ziel der endgültigen Umkehrung der Kräfteverhältnisse. Nicht in Form einer Utopie oder „ein[es] Ideal[s], wonach die Wirklichkeit sich zu richten haben wird“, sondern eine „[…] wirkliche Bewegung, welche den jetzigen Zustand aufhebt. Die Bedingungen dieser Bewegung ergeben sich aus der jetzt bestehenden Voraussetzung.“ „Wir nennen Kommunismus die wirkliche Bewegung […]“! Venceremos!

Ewert Nitschke

Absagen an Krieg

Von Helene Ewert, Julia Nitschke
Aufführungsfotos Björn Stork, Pascal Bruns
Premiere 13. Juli 2014, Ringlokschuppen Ruhr

Ewert Nitschke Initiative – Postfach 101224 - 44712 Bochum

Frau Angela Merkel
- persönlich -

Willy-Brandt-Straße 1
10557 Berlin

17. April 2014

Betreff: Absage an Ihre Verteidigungspolitik

Sehr geehrte Frau Merkel,

wir bedanken uns für Ihre Bemühungen der letzten Jahre. Wir haben ihre Art ihr Amt auszuführen sehr wohl zur Kenntnis genommen und stets verfolgt.
Leider können wir Ihnen nur eine Absage zukommen lassen.
Wir stellen Anforderungen, die sicher nicht jedes Land und nicht jede Kanzlerin erfüllen kann.
Diese erfordern ein hohes Maß an Einsichtigkeit, Ignoranz des Kriegslobbyismus, Empathie, Pazifismus, Toleranz und Geschichtsbewusstsein. Diese Anforderungen erfüllen sie keineswegs.

Ihre Soldaten befinden sich zurzeit im Einsatz in Afghanistan, Mali, Kongo, Sudan, Südsudan, Balkan, Somalia, Türkei, Zentralafrikanische Republik, Libanon, Kenia, Senegal, Westsahara, Usbekistan, Kosovo, im Horn von Afrika und seit dieser Woche steht auch einem Einsatz in Osteuropa im Rahmen der Ukraine Krise nichts mehr im Weg.
Sicherlich gehen Sie auch davon aus, dass sich mit bewaffneten Einsätzen Konflikte lösen lassen. Diese Hoffnung hat sich aber durch die Vielzahl der Einsätze nicht erfüllen können. Der Einsatz in der Westsahara dauert bereits 23 Jahre und auch der Einsatz in Afghanistan hat mehr Krisen erzeugt als vermindert. Und dies sind nur zwei Beispiele. Wir möchten Sie bitten Ihr Vorgehen hier eingehend zu überdenken. Der Bundeswehretat betrug 2014 insgesamt 30,9 Milliarden Euro.

Sicher werden Sie nun enttäuscht sein, jedoch können wir Ihnen versichern, Aktionen im Sinne der Anforderungen positiv bewerten zu wollen.

Sie haben Ihren Weg gemacht, nichtsdestotrotz müssen Sie diesen Weg nicht weiter verfolgen. Denn vielleicht geht es hier nach links. Nicht vorwärts. Nicht zurück, sondern nach links.

Ihre Unterlagen behalten wir gemäß der gesetzmäßigen sechsmonatigen Frist ein.

Mit freundlichen Grüßen,

Julia Nitschke und Helene Ewert

Betreff: Ratschlag an Herrn Niebel

Sehr geehrte Frau Merkel,

weiterhin bedanken wir uns für Ihre Bemühungen der letzten Wochen. Wir haben - wie
angekündigt- ihre Art ihr Amt auszuführen sehr wohl zur Kenntnis genommen und stets
Leider können wir erneut auch zum heutigen Zeitpunkt Ihnen nur eine Absage zukomm
Wir stellen Anforderungen, die sicher nicht jedes Land erfüllen kann.
Diese erfordern ein hohes Maß an Einsichtigkeit, Ignoranz des Kriegslobbyismus, Emp
Pazifismus, Toleranz und Geschichtsbewusstsein. Diesen Anforderungen konnten Sie s
nicht annähern.

Gestern wurde bekannt, dass der ehemalige Entwicklungshilfeminister Dirk Niebel, de
Rüstungsaufträge eines Waffenkonzerns entschieden hat, nach dem Ende seiner politisc
in dessen Dienste treten darf. Diesen Schritt hätte er mit Ihnen abgesprochen und auf ih
Ratschlag hin eine einjährige Karenzzeit eingelegt. Beamten kann der frühere Diensthe
ihrem Ausscheiden für einen Zeitraum von fünf Jahren einen Wechsel in die Wirtschaft
falls dadurch dienstliche Interessen verletzt werden. Für ehemalige Minister sollte das
gelten. Das öffentliche Interesse geht hier dem privaten eindeutig vor.

Sicher werden Sie nun enttäuscht sein, jedoch können wir Ihnen versichern, Aktionen i
Anforderungen positiv bewerten zu wollen.
Sie haben Ihren Weg gemacht, nichtsdestotrotz müssen Sie diesen Weg nicht weiter ver

Untergang des Egoisten Johann Fatzer.

Ihre Unterlagen behalten wir gemäß der gesetzmäßigen sechsmonatigen Frist ein.

Mit freundlichen Grüßen,

Julia Nitschke und Helene Ewert

Ewert Nitschke Initiative, Postfach 101224, 44712 Bochum

Vladimir Putin
- private and confidential
23, Ilyinka Street,
Moscow, 103132
RUSSIA

23th June 2014

Dear President of Russia,
Dear Mr. Putin,

We thank you for your effort over the past years. We have continually registered the mode in which you carry out your work. Unfortunately, we have to send you a refusal today.
We set standards that not every country is able to fulfill. These require a high level of insightfulness towards war lobbying, empathy, pacifism, tolerance and consciousness of history. To no extent, do you fulfill these requirements.

According to the Stockholm International Peace Research Institute you spend 87,3 Billion Dollars in 2013 for your military services, that puts you on the 3rd place of the top ranking for the highest military expenses a year.
We have to note that you use 4,1% of your GDP for your military devices.
According to your official information where your armed forces are currently deployed this amount of investments looks ridiculous. You are pointing out that your army is mainly busy with "peacekeeping" missions, you are listing missions in South Ossetia, Abkhazia, Transnistria, Tajikistan, Bosnia and Herzegovina, Kosovo, Metohija, Angola, Chad and Sierra Leone. There is also a statement in which networks and partnerships you are cooperating: Commonwealth of Independent States, UN, OSCE, NATO-Russia Council and the Shanghai Cooperation Organization.
Your fast military build-up over the last years is absolutely not necessary and contradicts peace making attitudes. Your explanations of your strategies against terrorism are conspicuous inarticulately.
In the past month it became, again, more than obvious that you are only acting in your very own interest and using questionable methods to get what you want.

Surely this will come as a disappointment. But we can assure you that it is our intent to evaluate activities which meet the above mentioned standards in a positive manner.
You have gone down this road so far – but we would like to remind you, that this does not necessarily mean you have to continue on it in the future.

Obwohl er der stärkste von ihnen war, zeigte er sich von Anfang an als ganz unnütz.

In accordance to the law we will be holding back your application for a period of six months.

With Kind Regards

Julia Nitschke and Helene Ewert

APPLICATION

Absagen an Krieg

Helene Ewert / Julia Nitschke

Ewert Nitschke ist ein Künstlerinnen-Duo bestehend aus Helene Ewert und Julia Nitschke, Masterstudentinnen der Szenischen Forschung an der Ruhr-Universität Bochum. Sie arbeiten kollaborativ unter dem Pseudonym des Künstlers Ewert Nitschke.
Im Folgenden ist das Projekt *Absagen an Krieg* chronologisch dargestellt. Ewert Nitschke verfasst im Rahmen der Vierten Mülheimer Fatzer Tage Absagen an Länder, die direkt oder indirekt in Krieg involviert sind. Für jedes Land, das eine Absage erhalten soll, werden Hintergrundinformationen, inwiefern dieses in Kriege involviert ist, recherchiert. Die Absagen enden mit einem *Fatzer*-Zitat und fragmentieren somit das Fragment *Fatzer* erneut. Auf diese Weise transferiert Ewert Nitschke Inhalte aus Brechts Fragment ins aktuelle politische Geschehen.

Dezember 2013 / Januar 2014
Die Ausschreibung der Fatzer Tage 2014 stand unter dem Thema „Krieg" und richtete sich an junge TheatermacherInnen.
Zu Beginn der Auseinandersetzung steht für Ewert Nitschke die Fragestellung, auf welcher Grundlage und über welche Herangehensweise eine künstlerische Beschäftigung mit Krieg möglich ist. Erscheint eine künstlerische Auseinandersetzung mit Krieg gegenstandslos, wenn die Künstlerinnen selbst Krieg nicht hautnah erlebten? Reichen die von anderen übertragenen Erfahrungen und Geschichten aus, um die Komplexität von Krieg zu erfassen? Welcher Ansatz birgt die Gefahr der Vereinfachung, Verallgemeinerung, des naiven Blicks oder der Ausnutzung von Opfern?
Eine Barriere scheint aus allen Blickwinkeln unüberwindbar – selbst keinen Krieg erlebt zu haben. Erfahrungen mit Krieg gibt es nur über Berührungspunkte: wie Freunde und Großeltern, die Krieg erlebt haben, gekämpft haben oder geflohen sind – aber keine persönlichen Erfahrungen.
Jeglicher Umgang mit dem Thema Krieg erscheint oberflächlich. Und doch besteht die Notwendigkeit, sich der Hilflosigkeit im Angesicht eines solchen aufwühlenden Themas zu stellen.

Die Ideensammlung stellt sich für Ewert Nitschke als ein sehr schwieriger Prozess heraus, die Fragestellung des Festivals blockiert jeden Ansatz. Das Thema ist aber gleichzeitig zu nah und akut, um es aufzugeben. Außerdem behauptet Ewert Nitschke ein Theaterverständnis, dass grundsätzlich alle Themen auf einer Bühne als verhandelbar und gerade den Widerstand als Grund für die Auseinandersetzung betrachtet. Der Widerstand gegen Krieg ist die treibende Kraft, die Ewert Nitschke dazu bringt, dem Krieg eine Absage zu erteilen. Ewert Nitschke als junger westeuropäischer Künstler, Jahrgang 1988, findet in der Absage den Weg, auf ein weltumspannendes Problem zu reagieren. Fatzer, die Figur aus Bertolt Brechts literarischem Fragment, bietet dabei die Inspiration und Möglichkeit für den Umgang mit einer schwer überschaubaren und schwer zu verarbeitenden Thematik.

Aus diesen Vorüberlegungen resultiert die Idee, dem Ringlokschuppen eine Absage für den Themenvorschlag zu erteilen und einen konstruktiven Vorschlag zu machen, wie Ewert Nitschke sich mit *Fatzer* an das Thema Krieg herantasten kann, in dem er sich Fatzers Methoden zu eigen macht.

Die Figur des Soldaten Fatzer desertiert im Ersten Weltkrieg und erteilt durch sein Handeln dem Krieg eine Absage. Er verweigert sich, weiterhin Teil des Krieges zu sein, und verwehrt seinem Heimatland seine ‚Arbeitskraft'.

Er hat den Krieg direkt, ungefiltert und aktiv durchlebt. Seine Erlebnisse an der Front und die diametral entgegenstehende Kriegspropaganda bewegen ihn dazu, zu desertieren. Er hat das System soweit durchlebt dass er in der Absage den einzigen Ausweg sieht.

Ewert Nitschke schlägt eine Recherche-Arbeit zum Thema Krieg in Mülheim vor: Was wird in Mühlheim an Fatzer-Spuren vorgefunden und wie kann man mit diesem Fragment umgehen? Die Ergebnisse werden in verschiedenen Formaten und Medien in einer Ausstellung im Juli 2014 zusammengeführt. Der Ausstellung geht eine Zeitspanne intensiver Recherche voraus, während der Ewert Nitschke feststellt, dass mit Krieg umzugehen auch heißt, ein Gefüge aus Politik, Maschinerie, Geschichte und Gesellschaften zu verstehen. *Fatzer* ist ein literarisches Fragment, dessen Bearbeitung eine Entstehung neuer Fragmente, deren Zusammenfügung und das Aufspüren von Strukturen bedeutet. Diese beiden Umgangsformen, einen Versuch zu unternehmen, dass System Krieg oder das System Fragment zu erforschen, zusammenzubringen, schien mit der Form einer Absage möglich zu sein.

28th June 2014

Dear Mr. President of the United States of Amercia,
Dear Mr. Obama

We thank you for your effort over the past years. We have continually registered the mode in which you carry out your work. Unfortunately, we have to send you a refusal today.
We set standards that not every country is able to fulfill. These require a high level of insightfulness towards war lobbying, empathy, pacifism, tolerance and consciousness of history. To no extent, do you fulfill these requirements.

According to the Stockholm International Peace Research Institute you spend 640 Billion Dollars in 2013 for your military services, that puts you on the 1st place of the top ranking for the highest military expenses a year.
It is the general opinion that you are the most powerful man in the world and you are the head, that is a fact, of the strongest armed forces. You have a huge responsibility for the peace in the world, to often, also strongly pushed from your precursor, your military missions caused the opposite. Reading the News we can just observe such a case in Iraq .
As a matter of fact your armed forces are active on every continent. What missions they are up to exactly is not transparent, as you are such an old democracy this fact is shocking.
You yourself take the right to establish rules to which the whole world should follow, your best argument is your money, not the good things you are doing for the people.
With all respect for your work and what you try to change there is the need to discuss the role of the military in the american society and what this role means for the peace in the world.

Surely this will come as a disappointment. But we can assure you that it is our intent to evaluate activities which meet the above mentioned standards in a positive manner.
You have gone down this road so far – but we would like to remind you, that this does not necessarily mean you have to continue on it in the future.

Ach Fatzer, ich kann nicht mehr Krieg führen.

In accordance to the law we will be holding back your application for a period of six months.

With Kind Regards

Julia Nitschke and Helene Ewert

Februar 2014

Der Ringlokschuppen antwortet auf die Absage von Ewert Nitschke mit einer Zusage.

März – Mai 2014

Bei dem Versuch, Krieg zu verstehen und zu durchleuchten, entsteht bei Ewert Nitschke die Idee, jedem Land, das direkt oder indirekt in Krieg involviert ist, eine Absage zu schicken. Das Netzwerk der Länder, die am Kriegstreiben beteiligt sind, ist undurchsichtig und verzweigt. Mittels der intensiven Recherche, die in jeder Absage zusammengefasst wird, soll hier versucht werden, Strukturen und Vorgehensweisen deutlicher zu machen. Wer entscheidet? Wo fließt das Geld? Wer setzt wo, auf welche Weise und wie viel ein?

AdressatInnen sind PräsidentInnen, KanzlerInnen und VerteidigungsministerInnen der Länder. Die Landkarte bestimmt die Vorgehensweise und den derzeitigen Standort: Deutschland. Hier fängt Ewert Nitschke an und bewegt sich immer weiter aus Europa heraus.

Fatzer erteilt dem Krieg auch eine Absage, er desertiert. Er ist Teil des Kriegssystems, soll als Soldat funktionieren und gehorchen und ist damit ein ausführender Baustein im System. Fatzer will aber nicht mehr funktionieren, er steigt aus dem System aus:

> Wir aber brechen jetzt diesen Krieg ab und verlassen diese Schlacht […] Dies tun wir zu entgehen der Vernichtung[1]

Ewert Nitschke geht davon aus, dass sich die MachthaberInnen jedes Landes im eigenen Interesse mittels Meinungsmache immer wieder neu bei den BügerInnen bewerben und vor allem dadurch in der Position stehen, Krieg ausüben zu können. Ewert Nitschke positioniert sich als Bürger kritisch gegen die ‚Bewerbung' der demokratisch gewählten PolitikerInnen und hinterfragt Handlungen und Ansichten eben dieser. Mittels der im Internet aufzufindenden Lebensläufe und der jeweiligen Handlungen der politischen AkteurInnen stellt Ewert Nitschke eine Absage aus, die sich auf der Basis von Informationen zu Ausgaben finanzieller Natur und Meinungen zu herrschenden Kriegen und Konflikten rechtfertigt.

Absagen an Krieg hält sich an das Muster klassischer Absagen: Unter dem Briefkopf von Ewert Nitschke und der Adresse des jeweiligen Adressaten stehen das Datum und die Betreffzeile mit dem Hinweis, dass es sich hier um eine Absage an die Verteidigungspolitik handelt. Insgesamt bestehen alle Absagen aus drei Absätzen, wobei der

1 Bertolt Brecht: Fatzer. In: Ders.: *Werke. Große kommentierte Berliner und Frankfurter Ausgabe*, Bd. 10.1. Berlin / Frankfurt am Main: Aufbau / Suhrkamp 1997, S. 387–529, hier S. 453.

erste und letzte Absatz immer gleich sind, und sich inhaltlich und formal an standardisierten Absagen orientieren. Der Fokus liegt auf dem zweiten Absatz, welcher die Rechercheergebnisse zum jeweiligen Land und damit die Begründung der Absage enthält. Quellen dieser Recherche sind in erster Linie die Homepages der jeweiligen Länder und darüber hinaus Ergebnisse des Stockholm International Peace Research Institute (SIPRI). Es wird vor allem darauf geachtet, wie viel Geld in das Militär investiert wird und wie viele SoldatInnen in Kriegs- und Krisengebiete geschickt werden. Nach dem dritten Absatz und vor der Verabschiedungsfloskel befindet sich dann ein Zitat aus *Fatzer*, welches einer chronologischen Lesart des Künstlers zu verdanken ist.

Alle Absagen werden in den deutschsprachigen Ländern auf Deutsch verfasst und ansonsten werden alle in englischer Sprache verschickt. Lediglich das individuelle Zitat ist jedes Mal in deutscher Sprache.

Jede Absage wird postalisch zugestellt, zum Ende des Projekts aufgrund von ausbleibenden Antworten auch per Email.

Die Absagen erscheinen parallel auf einem Blog, über den auf eine Facebook-Seite sowie auf Ewert Nitschkes Facebook-Profil hingewiesen wird.[2]

Von April 2014 bis Juli 2014 verschickt Ewert Nitschke Absagen an 54 Länder sowie an VertreterInnen der Rüstungsindustrie.

Juni / Juli 2014

Fester Arbeitsplatz von Ewert Nitschke ist ab Mitte Juni 2014 die Dezentrale in Mülheim, vier Wochen vor Beginn der Vierten Mülheimer Fatzer Tage, die an einem Wochenende stattfinden und an denen Ewert Nitschke in der Dezentrale eine Ausstellung präsentiert. Beständig wächst die Anzahl der Absagen. Im regelmäßigen Rhythmus von einer Woche wird zu unterschiedlichen Gesprächsrunden eingeladen. Aber auch außerhalb der Sprechzeiten finden Mülheimer BürgerInnen den Weg in die Dezentrale und treten mit Ewert Nitschke in Dialog. Menschen, die persönlich in Kriegsgebieten gelebt oder gekämpft haben, erzählen von Ihren Erlebnissen und teilen Ihre Einstellung zu Krieg mit Ewert Nitschke.
Das Raumkonzept orientiert sich an der geografischen Vorgabe einer Landkarte, wie sie von Deutschland aus betrachtet aussieht. Im Eingangsbereich der Ausstellung ist die „Deutschlandecke", da Deutschland Wohn- und Arbeitsmittelpunkt von Ewert Nitschke ist. Deutschland ist auch das Ziel der ersten Absage. Aufgrund seiner Verortung in diesem Land und einer großen Enttäuschung, dass keine Absage beantwortet wurde, schickt Ewert Nitschke an Deutschland aktualisierte Absagen. Hier werden einmalig an drei politische Personen Absagen verschickt (Joachim Gauck, Angela Merkel, Ursula von der Leyen) und das zwei Mal innerhalb des gesamten Arbeitsprozesses. Die aktualisierten Absagen bleiben bis zum Ausstellungsende unbeantwortet. Ebenfalls in der „Deutschlandecke" zu finden ist der Arbeitsplatz von Ewert Nitschke. Eine große Weltkarte hängt hier an der Wand, auf der weiße Fähnchen markieren, welche Länder schon eine Absage erhalten haben. Ein erster Erfolg, das Etappenziel Europa komplett abzusagen, ist gelungen.
An dieser Stelle wird abermals deutlich, dass inhaltlich der Fokus auf den GeldgeberInnen dieser Kriegsmaschinerie liegt, vor allem also auf den mächtigsten Industrienationen.

2 http://absagenankrieg.tumblr.com/ bzw. https://www.facebook.com/people/Ewert-Nitschke/100007530404824.

Der hintere Teil des Ausstellungsortes präsentiert die Absagen an alle anderen Länder.
18 Absagen werden vergrößert im Format A0 an der Wand hängend ausgestellt, darunter die Absagen an Länder mit den höchsten Ausgaben für Krieg. Das *Fatzer*-Zitat ist gelb hervorgehoben. Durch dieses Layout ist es möglich, sowohl die einzelnen Zitate als neu zusammengestelltes literarisches Fragment zu lesen als auch das Zitat mit dem Inhalt der Absage in Verbindung zu bringen. Denn jedes Zitat steht im Kontext von Informationen zu einem anderen Land.
Es ist Ewert Nitschke wichtig, das Fragment fragmentarisch zu bearbeiten, d. h. die Absagen in der Ausstellung und auch auf dem Blog so zu präsentieren, dass Möglichkeiten aufgezeigt werden, ein Fragment auch anders lesen zu können. Das Fragment wurde durch die Ausstellung noch einmal mehr fragmentiert, trotzdem wurde die Aussage nicht reduziert, sondern zentriert.
Außerdem hat jedes Land einen weißen Papphocker, auf den die Absage(n) gekleistert ist. An jeden Hocker ist eine Bewerbungsmappe gebunden, in der der Lebenslauf der PolitikerInnen und Hintergrundinfos nachgelesen werden können. Die BesucherInnen sind ausdrücklich durch Handlungsanweisungen aufgefordert, die Hocker durch den Raum zu bewegen.
Zudem liegen Visitenkarten mit den Kontaktdaten der jeweiligen PolitikerInnen einiger Länder aus, die die BesucherInnen dazu einladen, ebenfalls Absagen zu verfassen und dafür das auf die Visitenkarte gedruckte *Fatzer*-Zitat zu verwenden.
Im hinteren Teil befindet sich eine Videoinstallation von Ewert Nitschke, die an die Decke projiziert wird. *Auf einen Sprung in den Krieg* ist eine Bildcollage, die verschiedene PolitikerInnen bei ihren Besuchen in Krisengebieten zeigt. Besonders interessant an diesen Bildern ist, dass sich die Handlungen, z. B. ein Essen mit den Soldaten oder die Begutachtung der Ausrüstung, stetig wiederholen, auch wenn andere PolitikerInnen sie ausführen.
Jeden Tag wird eine Führung angeboten, in der die Arbeitsweise von Ewert Nitschke erläutert wird.

Es wird der Versuch unternommen, aktuelles politisches Geschehen mit dem *Fatzer*-Fragment zu verbinden. Das geschieht nicht zur Untermalung eines Briefes, der aus politischer Motivation und damit im Sinne einer politischen Aktion geschrieben wurde, sondern im Sinne eines Versuchs, mittels einer Recherche zum aktuellen politischen Weltgeschehen (hier: Kriegstreiben) in einem künstlerischen Werk zu forschen.

August / September 2014
Zur Ausstellung während der Vierten Mülheimer Fatzer Tage war die Antwortwand weiß – weder per Mail noch per Post sind Antworten eingetroffen. Im Verlauf des Sommers erhielt Ewert Nitschke aber Antworten, aus Irland, Brasilien, Lettland, Griechenland und Deutschland. Zum Teil waren es simple Eingangsbestätigungen, aus Irland sogar zwei, weil die Absage von Referat zu Referat weitergeleitet wurde. Aus Lettland, Griechenland und Deutschland kamen aber Antwortschreiben, die keineswegs standardisiert sind, sondern deutlich auf die Absage antworten. Während Lettland und Deutschland sich rechtfertigen oder versuchen, die Recherche zu widerlegen, äußert sich der Botschafter des Diplomatic Office of the Prime Minister Griechenlands irritiert über unsere Behauptung, dass eine Bewerbung eingegangen sei, und fordert eine Annullierung derselben.
Diese Antworten unterstreichen ein erstes Resümee von Ewert Nitschke nach der Ausstellung: Rückkoppelungen, Übertragungen von künstlerischen Aktionen auf politisches Weltgeschehen sind in höchstem Grad irritierend.
Die Aktion hat Dinge bewegt – die einfache Bewegung einer Absage von Referat zu Referat oder das Verfassen detaillierter Antworten,

welche die Rechercheergebnisse berichtigen. RezipientInnen der Ausstellung entwickelten Impulse, Persönlichkeiten wie US-Präsident Barack Obama in Schutz nehmen zu müssen, da ihn persönlich keine Schuld treffe. Das sind signifikant brisante Forschungsergebnisse für Ewert Nitschke.
Es wird politisches Wissen generiert, das auf unterschiedlichste Weise weitergetragen wurde und die Wirklichkeit durchwandert. Ewert Nitschke macht *Fatzer* zu einem Medium, das eine geschichtliche Brücke zu heutigem Weltgeschehen darstellt und vielleicht auch als Botschafter an EmpfängerInnen und RezipientInnen der Briefe fungiert.

Alle Absagen und Antworten sind auf dem Blog nachzulesen:
www.absagenankrieg.tumblr.com
Außerdem ist Ewert Nitschkes Profil auf Facebook zu finden sowie *Absagen an Krieg* unter selbigem Titel zu liken.

Ewert Nitschke Initiative – Postfach 101224 – 44712 Bochum

Herrn Joachim Gauck
- persönlich-

Spreeweg 1
10557 Berlin

17. April 2014

Betreff: Absage an Ihre Forderungen an die Verteidigungspolitik

Sehr geehrter Herr Gauck,

wir bedanken uns für Ihre Bemühungen der letzten Jahre. Wir haben ihre Art ihr Amt auszuführen sehr wohl zur Kenntnis genommen und stets verfolgt. Leider können wir Ihnen nur eine Absage zukommen lassen.
Wir stellen Anforderungen, die sicher nicht jedes Land erfüllen kann. Diese erfordern ein hohes Maß an Einsichtigkeit, Ignoranz des Kriegslobbyismus, Empathie, Pazifismus, Toleranz und Geschichtsbewusstsein. Diese Anforderungen erfüllen sie keineswegs.

Die Soldaten der deutschen Bundeswehr befinden sich zurzeit im Einsatz in Afghanistan, Mali, Kongo, Sudan, Südsudan, Balkan, Somalia, Türkei, Zentralafrikanische Republik, Libanon, Kenia, Senegal, Westsahara, Usbekistan, Kosovo, im Horn von Afrika und seit dieser Woche steht auch einem Einsatz in Osteuropa im Rahmen der Ukraine Krise nichts mehr im Weg.
Sicherlich gehen Sie auch davon aus, dass sich mit bewaffneten Einsätzen Konflikte lösen lassen. Diese Hoffnung hat sich aber durch die Vielzahl der Einsätze nicht erfüllen können, der Einsatz in der Westsahara dauert bereits 23 Jahre und auch der Einsatz in Afghanistan hat mehr Krisen erzeugt als vermindert. Und dies sind nur zwei Beispiele. Wir möchten Sie bitten, Ihr Vorgehen hier eingehend zu überdenken. In Ihrer Rede bei der diesjährigen Sicherheitskonferenz forderten Sie ein entschlosseneres Handeln und eine erhöhte Bereitschaft für die Sicherheit von befreundeten Staaten zu tun. Insgesamt betrug der Bundeswehretat dieses Jahr 30,9 Milliarden Euro.

Sicher werden Sie nun enttäuscht sein, jedoch können wir Ihnen versichern, Aktionen im Sinne der Anforderungen positiv bewerten zu wollen.
Sie haben Ihren Weg gemacht, nichtsdestotrotz müssen Sie diesen Weg nicht weiter verfolgen.

Denn vielleicht ist schon heute gar kein Krieg mehr, ich rate euch: riskiert es.

Ihre Unterlagen behalten wir gemäß der gesetzmäßigen sechsmonatigen Frist ein.

Mit freundlichen Grüßen,

Julia Nitschke und Helene Ewert

Ewert Nitschke Initiative – Postfach 101224 - 44712 Bochum

Herrn Joachim Gauck
- persönlich-

Spreeweg 1
10557 Berlin

03.Juli.2014

Betreff: Absage an Ihre Forderungen an die Verteidigungspolitik, Teil II

Sehr geehrter Herr Gauck,

weiterhin bedanken wir uns für Ihre Bemühungen der letzten Wochen. Wir haben – wie angekündigt- ihre Art ihr Amt auszuführen sehr wohl zur Kenntnis genommen und stets verfolgt. Leider können wir erneut auch zum heutigen Zeitpunkt Ihnen nur eine Absage zukommen lassen. Wir stellen Anforderungen, die sicher nicht jedes Land erfüllen kann.
Diese erfordern ein hohes Maß an Einsichtigkeit, Ignoranz des Kriegslobbyismus, Empathie, Pazifismus, Toleranz und Geschichtsbewusstsein. Diesen Anforderungen konnten Sie sich leider nicht annähern.

Grund für unsere erneute Kontaktaufnahme sind ihre Äußerungen und ihre Forderungen für mehr Einsatz der Bundeswehr in Krisengebieten. Diese Forderung untermauern Sie durch ihre Behauptung es wäre an der Zeit, dass Deutschland mehr Verantwortung übernehmen müsse und „als verlässliche Demokratie sich für die Menschenrechte einsetzen muss, auch wenn dies manchmal erfordert zur Waffe zu greifen." Allerdings entgeht Ihnen dabei, dass Militarismus, sowie militärische Tendenzen nicht den demokratischen Grundgedanken entsprechen. Militarismus ist eine Gesinnung, die auf dem einseitigem Recht des Stärkeren beruht Menschen zu töten, um Interessen der Politik durchzusetzen. Militarismus ist eine Geisteshaltung, die organisierte Menschentötung als erlaubtes Mittel für politische und gesellschaftliche Mittel benutzt.

Sie haben bisher Ihren Weg gemacht und werden ihn zielbewusst fortsetzen. Da sind wir sicher! Und manchmal kommt der nächste Anlass zur Reflexion schneller als man glaubt, und da ist man plötzlich als Erster am Ziel. Das wünschen wir Ihnen sehr!

Sicher werden Sie nun enttäuscht sein, jedoch können wir Ihnen versichern, Aktionen im Sinne der Anforderungen positiv bewerten zu wollen.
Sie haben Ihren Weg gemacht, nichtsdestotrotz müssen Sie diesen Weg nicht weiter verfolgen.

Was immer du denkst, verschweig es.

Ihre Unterlagen behalten wir gemäß der gesetzmäßigen sechsmonatigen Frist ein.

Mit freundlichen Grüßen,

Julia Nitschke und Helene Ewert

BUNDESPRÄSIDIALAMT

BERLIN, 21. August 2014
Spreeweg 1

Geschäftszeichen: VO-900 00-4-2/13
(bei Zuschriften bitte angeben)

Ewert Nitschke Initiative
Postfach 101224

44712 Bochum

Sehr geehrte Frau Nitschke,
Sehr geehrte Frau Ewert,

vielen Dank für Ihre Schreiben an Bundespräsident Joachim Gauck. Er hat mich gebeten, Ihnen zu schreiben, da es ihm aufgrund der Vielzahl der Briefe, die ihn täglich erreichen, leider nicht möglich ist, jeden persönlich zu beantworten. Gleichzeitig bitte ich um Nachsicht, dass Ihre Geduld hinsichtlich einer Antwort auf Ihre beiden Briefe so lange auf die Probe gestellt wurde.

Dem Bundespräsidenten ist sehr wohl bewusst, dass er mit der Frage der Verantwortung Deutschlands in der Welt in seiner Rede vor der Münchner Sicherheitskonferenz ein schwieriges und kontroverses Thema angesprochen hat. Ihre Gedanken dazu sind ein willkommener Beitrag. Der Bundespräsident sieht die primäre Aufgabe der Staatengemeinschaft – und damit auch der Bundesrepublik Deutschland – darin, präventiv zu handeln und zivile Einsätze zu fördern und weiter zu entwickeln, das heißt, der Bundespräsident räumt stets zivilen und möglichst gewaltfreien Konfliktlösungen einen eindeutigen Vorrang ein. Die Intensität, mit der unsere Bundesregierung in der aktuellen Ukraine-Krise mit diplomatischen Mitteln agiert, entspricht in vollem Umfang den Vorstellungen des Bundespräsidenten: Frühzeitiges, intensives Engagement und im Bündnis mit anderen Partnern.

Trotz des klaren Bekenntnisses zu zivilen Konfliktlösungsmechanismen und der Erkenntnis, dass

...

Briefanschrift: Bundespräsidialamt 11010 Berlin, Internet: http://www.bundespraesident.de
E-Mail: michael.podzus@bpra.bund.de

Telefon: (030) 2000 - 0 Behördennetz: (01888) 500 - 0 (Durchwahl: - 2030)
Telefax: (030) 2000 - 1999 Behördennetz: (01888) 500 - 1999 (Durchwahl: - 1913)

die Entscheidung über den Einsatz militärischer Mittel immer mit der Gefahr verbunden ist, schuldig zu werden, kann es dennoch erforderlich sein, im Rahmen verantwortlichen Handelns auch den Einsatz von Soldaten in Erwägung zu ziehen – als ultima ratio-Element einer Gesamtstrategie, die nicht nur eine rein militärische Lösung umfasst und unter klaren verfassungsrechtlichen Vorgaben wie dem Beschluss des Sicherheitsrates der Vereinten Nationen. Vor dem Hintergrund etwa des Völkermords in Ruanda ist der Bundespräsident der Überzeugung, dass es in Situationen, in denen das Leben hunderttausender Menschen durch unmittelbare Gewaltanwendung gesetzloser Aggressoren bedroht ist, sehr wohl ethisch geboten sein kann, Leben und Sicherheit dieser Menschen äußerstenfalls auch mit militärischen Mitteln zu schützen. Denn, auch wer nicht handelt, kann sich schuldig machen.

Mit freundlichen Grüßen
Im Auftrag

Michael Podzus

GRIECHISCHE BOTSCHAFT
BERLIN

Frau
Julia Nitschke und
Frau Helene Ewert
Ewert Nitschke Initiative
Postfach 101224
44712 Bochum

Berlin, den 15. Juli 2014
F.800.3/31/AS 857

Sehr geehrte Frau Nitschke,
Sehr geehrte Frau Ewert,

im Beantwortung Ihres Schreibens an den Premierminister der Hellenischen Republik, Herrn Antonis Samaras, vom 19. Juni 2014 beehren wir uns, Ihnen anliegend ein an Sie gerichtetes Schreiben des Leiters seines Diplomatischen Büros, Botschafters Stavros Vasilopoulos, vom 10. Juli 2014 zu übermitteln, welches diese Botschaft vorab per Telefax aus Athen erreichte.

Sobald das Originalschreiben bei der Botschaft eingegangen ist, wird dieses an Sie weitergeleitet.

Mit freundlichen Grüßen
i.A.

Dr. Timotheos Lygkopoulos
Protokollangelegenheiten

Anlage

Athens, 10 July 2014

Dear Mrs Nitschke and Mrs Ewert,

I would like to thank you for the letter, dated 19 June 2014, you have addressed to the Prime Minister of Greece.

Along with my thanks, I would also wish to express my surprise at the very content of this letter. Without dwelling on specific inaccuracies regarding the information and statistics you are presenting, I'm referring, more importantly, to an alleged application which has been supposedly filed by Greece and which, as you note, has been held back for a period of six months.

I wish to inform you that there has been no application whatsoever addressed to the Initiative you are representing. I hope there has been a mistake which, though perhaps unintended, needs to be properly addressed. Given the situation, I would greatly appreciate if you took all steps in this direction, so as to avoid unnecessary misunderstandings or false impressions which could risk creating stories out of nothing.

Sincerely yours,

Stavros Vassilopoulos
Ambassador

Mrs Julia Nitschke, Mrs Helene Ewert
Ewert Nitschke Initiative
Postfach 101224
44712 Bochum
Germany

Aumüller / Bussmann / Földesi / Schmidt

DIY-Fatzer
Unser Arm gegen uns!

Von Tilman Aumüller, Jacob Bussmann, Bettina Földesi, Ruth Schmidt
Mit dem Publikum
Aufführungsfotos Björn Stork
Premiere 13. Juli 2014, Ringlokschuppen Ruhr

I
II
III
Vorwort
Falsche Gegend
STADT
HALLO
BUCH
IHR NOCH WISST

ÖFFNET
MICH

DIY-Fatzer / Unser Arm gegen uns!
Ein Lehrstück-Happening

Tilman Aumüller / Jacob Bussmann / Bettina Földesi / Ruth Schmidt

DIY-Fatzer / Unser Arm gegen uns! ist ein Stück zum Selbermachen. Das Publikum findet einen Raum mit Stellwänden, Kisten und einem großen Buch vor, auf dem steht: „Öffne mich". Sobald jemand dieser Anweisung folgt, leitet das Buch an, Kisten auszupacken und Objekte und Texte zu Szenen zusammenzusetzen und Dialoge zu sprechen. Das Publikum entscheidet, wann weitergeblättert wird, ob eine Handlung überblättert oder wiederholt wird. Jede*r entscheidet in jedem Moment selbst, ob er*sie zusieht, Anweisungen erteilt oder mitarbeitet. Wenn niemand mehr weitermacht, hält das Stück an. So erinnert das Publikum spielend an Fatzers Schicksal und vollzieht dessen Lage zwischen den Linien der „Burschoasie" nach. Im Nachstellen der Situation Fatzers entsteht eine Zeichnung der Lage der heutigen Arbeitswelt, in der Lust und Zwang oft kaum mehr zu trennen sind.

24 Thesen zum Lehrstück-Happening

LEHRSTÜCK-HAPPENING

1 Das Lehrstück-Happening ist die Verbindung von Lehrstück und Fluxusscore.

2 Das LEHRSTÜCK erzählt, als ob ein Ereignis in der Vergangenheit läge.
Der FLUXUSSCORE erzählt, als ob er ein Ereignis in der Zukunft produziere.

3 Der Fluxusscore richtet sich an ein INDIVIDUUM, das ihn liest, ausführt oder imaginiert.
Das Lehrstück-Happening richtet sich an eine MASSE.

4 Die Imagination des Fluxusscores ist Privatbesitz des Imaginierenden, seine Produktion findet privat statt. Im Lehrstück-Happening werden PRODUKTION und IMAGINATION zwischen den Einzelnen geteilt.

LEST,
WAS IHR
SEHT.

Blättert um.

ARBEIT 1: ARBEITSTEILUNG

5 Im Lehrstück-Happening steht es jedem*r frei, ob er*sie MITARBEITEN will. Aber niemand kann ZUSEHEN und genießen, wenn nicht jemand die Arbeit, die zu tun ist, tut.

6 Sobald ARBEIT organisiert werden muss, stellt sich eine TEILUNG der Gesellschaft ein.
Hier entspricht die Organisation dem theatralen Dispositiv. Es gibt Anweisende, Ausführende und Zuschauende.

7 Das Lehrstück-Happening ist ein Mitmachstück. Aber das klassische Dispositiv des Theaters ist nicht aufgehoben: Man kann zwischen den Strukturpositionen des ANWEISENS, AUSFÜHRENS oder ZUSCHAUENS wechseln – ohne je Anweiser, Ausführer oder Zuschauer sein zu müssen.

8 Das Lehrstück-Happening sucht nach einem Theater für eine Gesellschaft, in der fixierte Trennungen sich immer weiter auflösen. Es ist ein Theater für Künstler*innen, für die es zunehmend eine Frage des Tages ist, an dem er*sie ins Theater geht, ob er*sie auf der Bühne steht oder auf die Bühne schaut. Das Lehrstück-Happening ist ein Theater für Spezialist*innen, die Dilettant*innen sind. Es gibt keine Unterscheidung zwischen professionellen Künstler*innen und freizeitenden Zuschauer*innen.

ARBEIT 2: WISSEN

9 Was für den Krieg gilt, in dem der Feldherr auf dem Hügel aus der Distanz anderes sieht und weiß als die Kämpfenden inmitten des Geschehens, gilt auch für die Arbeit und das Theater: An den verschiedenen Orten ist verschiedenes und spezifisches WISSEN und NICHTWISSEN. In diesem Sinne ist das Lehrstück-Happening ein Lehrstück über das Lehrstück.

10 Das verschiedene Wissen und Nichtwissen zwingt zur Kommunikation und zur Bewegung im Raum. Der AUSTAUSCH der Positionen, sowie der Austausch von Wissen gehören zum Stück.

ARBEIT 3: KRIEG

11 Krieg zeigt sich heute in Europa auch auf einem anderen Schauplatz als im Feld: in den veränderten Strukturen der Arbeit, die jede Person selbst verantwortlich macht für seine*ihre Erfolge und sie darüber definiert; meine Schulden sind meine Schuld. Das

TUT,
WAS IHR
LEST.

Blättert um.

Lehrstück-Happening sucht nach einem Theater für eine Gesellschaft, in der die Trennung zwischen Arbeit und Freizeit, Befehl und Gehorsam verschwimmen. Das Lehrstück-Happening nutzt die Arbeitskraft der Besuchenden als Performer*innen und setzt auf deren Lust, mitzumachen und zuzusehen.

12 Ist DIY, ist Selbermachen eine befreiende Strategie der Selbstermächtigung oder Verstrickung im Privaten? Im Lehrstück-Happening gilt entfremdetes Arbeiten als Befreiung.

BUCH UND SCHRIFT

13 Wer ein BUCH lesen will, muss lesen, was er sieht. Es muss akzeptiert werden, dass nach a b kommt. Die Anweisungen des Buches verlangen, den Buchstaben getreu befolgt zu werden.

14 Das Buch vermittelt: Das Buch ist die LEHRE, die Lesenden sind die MASSE. Vor dem Buch als gemeinsamem Gegenstand sind alle Leser*innen gleich unwissend. Es nivelliert die Wissenshierarchien, aber es produziert die Teilung in Anweisende und Ausführende. Die Lehre sagt, es geht nur mit Gewalt.

15 Das Buch vermittelt: Im Buch kann man zurückblättern, im Theater nicht. Im Buch sprechen die Toten. Es lesen und verwirklichen die Lebenden. Zudem: Das Buch verbindet die ZEITEN der einzelnen Individuen in der Masse.

16 Das Buch muss auf der Bühne verwirklicht werden. Das bedeutet aber auch: Die Bühne ist zuerst als SCHRIFT zu fassen. Sie kann gesehen und gelesen werden.

GESTE

17 Das Lehrstück-Happening fordert keine Aufopferung, keine Lust, keine Identifikation mit einer Figur, einer Handlung, einer Haltung usw. Es fordert nur: Folge der Anweisung, „vollziehe die Geste“.

18 Gesten und Texte sind nach genauen Beschreibungen auszuführen und zu sprechen: dadurch bleiben sie in Distanz. Im Lehrstück-Happening gilt entfremdete Arbeit als Befreiung.

19 Gerade das lustlose Befolgen führt zur Lust an der Sache. Gerade das bloße Befolgen der Schrift führt transgressiv über sie hinaus.

Schaut nach links.

Dort seht ihr eine bespannte Holzwand.
Klappt das dort befestigte Papier nach unten und ihr seht den Plan.

Blättert um.

20 Das Lehrstück-Happening glaubt an den Ernst des Komischen und Albernen, der im bloßen Befolgen der Anweisung sowie im noch-nicht-verstehenden Tun liegt.

ALLEGORIEN / LAGEZEICHNUNG

21 Eine Zeichnung liegt in der Fläche und muss aus der Distanz und von oben betrachtet werden. Sie gleicht mehr der SCHRIFT als dem Bild; sie muss gesehen und gelesen werden.

22 UNSER ARM GEGEN UNS! versucht wie Fatzers Zeichnung auf der Tankwand eine ZEICHNUNG DER EIGENEN LAGE, in der die Mitmachenden auf sich selber blicken können.

23 Das Lehrstück-Happening beruht auf dem Zusammentreffen von Vertikale und Horizontale, von Schrift und Bild. Bewegen sich vertikale Körper über der Schrift, wird die Schrift lebendig und es entstehen ALLEGORIEN.

24 Zu viel Bedeutung ist das Prinzip der Allegorie. Ein Missverhältnis von Wissen und Nichtwissen zeichnet die Allegorie aus, ebenso wie es die Teilung in Anweisen, Ausführen und Zusehen auszeichnet. Das Erklären und Entziffern ist Teil des Spiels.
Das Lehrstück-Happening wendet sich gegen eine Kunst, die diese Unterscheidung überdeckt und eine Einheit suggeriert.

Unter mir, dem Buch, ist ein Sockel, auf dem steht BUCH.
Nehmt ihn und stellt ihn vor den Plan unter das VORWORT.
Jemand stelle sich auf den Sockel und spreche folgenden Text:

Ich bin das Vorwort, ich grüße euch.

Dies ist ein Stück zum Selbermachen.
Es erzählt die Geschichte vom Untergang des Egoisten Johann Fatzer, geschrieben von Brecht.
Man baut das Stück zusammen: Es werden Möbel und Bilder und Szenen zusammengebaut.
Szenen wie Möbelstücke, Pläne nach Plan.
Hinter mir hängt der Plan, der anzeigt was geschehen soll. Denn es muss ein Plan da sein, weil nicht immer alles so gehen kann. Damit es nach Plan geht, lest die Texte laut und deutlich vor, sodass alle verstehen, was zu tun ist und kein Wort verloren geht.

Es ist in diesem Stück nicht so, dass jeder einen ausschließlichen Kreis der Tätigkeiten hat, die ihm aufgedrängt werden, ist er Zuschauer, Performer, Techniker oder kritischer Kritiker und muss das bleiben.
In diesem Stück ist es möglich, zuerst dies, dann das zu tun:
zuerst zuzusehen, dann einen Text zu lesen, dann aufzubauen -
oder nur zuzusehen, wie man gerade Lust hat, ohne je Zuschauer, Techniker oder Performer zu sein.

Blättert um.

I
Vorwort
II
Falsche Gegend
III
Desertion
IV
Mein Arm gegen mich
V
Erkennt den Fehler den ihr gemacht habt
BUCH
HALLO

Kapitel II
FALSCHE GEGEND

Blättert um.

1. Feld / Tribüne / halber Baum

Während Feld und Tribüne aufgebaut werden, wird der halbe Baum errichtet.

A) Feld
Öffnet die Kiste **FELD**, nehmt alle Dinge heraus.

Verteilt die Gegenstände folgendermaßen im Raum: Legt immer zwei Dinge zusammen, sodass sie sich berühren; eins aufgestellt und eins liegend.
Messt den Abstand zwischen den Gegenstandspaaren mit einem großen Schritt.

Erschließt so den Raum.

B) Tribüne
Baut am Rand eine "Tribüne" von 3 x 4 Stühlen auf. Baut sie so, dass man die Schilder HALLO im Feld von ihr aus lesen kann.

Stellt dazu das Schild ZUSCHAUER*, das so aufzubauen ist:

C) Halber Baum
Der halbe Baum ist so zu errichten:

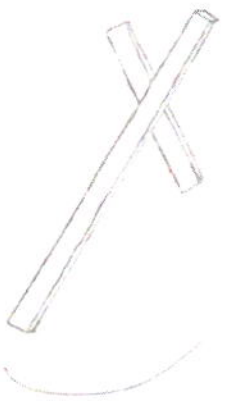

Stellt ihn ins Feld.

2. Kaffee
Zieht den Sockel KAFFEE und den Sockel FATZER unter dem Buch hervor und stellt sie vor den Plan unter Kapitel II.

Baut die Kaffeemaschinen zusammen. Sie bestehen aus folgenden Teilen:

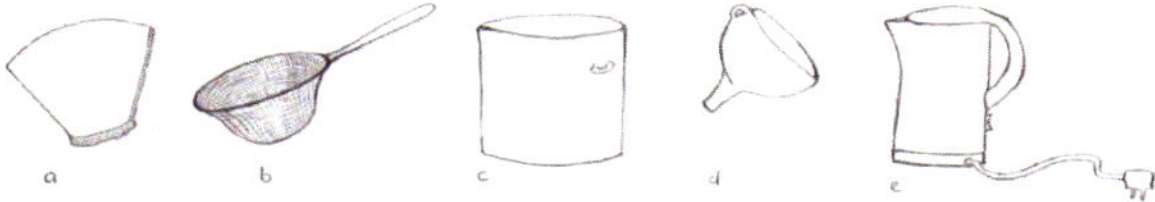

Kocht das Wasser auf dem Sockel FATZER.

Während der Kaffee kocht...

3. Clausewitz / Soldaten
In diesem Teil können zwei Handlungen gleichzeitig stattfinden:

A) Clausewitz
Nehmt die Kiste **CLAUSEWITZ** und öffnet sie. Sie enthält eine Anleitung.

B) Soldaten
Nehmt die Kiste **SOLDATEN** und öffnet sie. Sie enthält eine Anleitung.

4. Trinkspruch
Wenn CLAUSEWITZ gesprochen hat, schenkt euch den Kaffee ein.
Jemand nehme eine Packung Privat-Kaffee in die Hand, steige auf den Sockel KAFFEE und spreche folgenden Trinkspruch:

Ich bin der Kaffee.
Erhebt eure Tassen zum Gruß an die Arbeiter und Arbeiterinnen in diesem merkwürdigen Europa und anderswo!

Erhebt sie gemeinsam gegen mich, den Kaffee, der privat getrunken wird als kleine Auszeit im täglichen Krieg der Arbeit.

Macht stattdessen die erhobenen Tassen zum Zeichen der Gemeinschaft der vom Kaffee Begeisterten. Trinkt mich gemeinsam, auf das nicht jene berauschte, sondern eine koffeingeladene, nervöse Masse sich bilde, die in Angriff nehmen kann, was in Angriff genommen werden muss.

Stoßt an!

Blättert um.

KEUNER
FATZER
BRENNT AUCH ALLES
ZUSCHAUER*
KEUNER

I II III
Desertion
KAFFEE
ES IST EINE FALSCHE GEGEND
ÜBERLEGEN KONNTEN
IHR NOCH WISST
IM ZWEITEN JAHRZEHNT LETZTEN JAHRHUNDERTS
WAR EIN KRIEG ALLER VÖLKER
WELCHE SICH EINGRUBEN
UND IHRE UNSINKBAREN SCHIFFE VERSENKEND
VON EINEM MEER ZUM ANDERN
UND VIER JAHRE HAUSEND UNTER DEM BODEN
IN LÖCHERN AUS ZEMENT
EINANDER BESCHOSSEN MIT ZEHNTAUSEND

Futur II Konjunktiv

Fatzer – eine Zeremonie

Mit Dela Dabulamanzi, Johanna Diekmeyer, Josephine Fabian, Katharina Nesytowa
Text Bertolt Brecht
Regie & Dramaturgie Johannes Wenzel & Matthias Naumann
Chorleitung Christine Groß
Bühne & Kostüme Alexander Martynow
Ausstattungsmitarbeit & Masken Marija Skara
Ausstattungsmitarbeit & Regieassistenz Marie S. Zwinzscher
Sounddesign Christoph Kalkowski
Aufführungsfotos Cameron Matheson, Björn Stork.
Premiere 3. Juli 2014, Ballhaus Ost, Berlin
Eine Produktion von Futur II Konjunktiv in Koproduktion mit Ringlokschuppen Ruhr und Ballhaus Ost. Gefördert durch die Kunststiftung NRW und das Bezirksamt Berlin Pankow – Fachbereich Kunst und Kultur

Fatzer – eine Zeremonie

Johannes Wenzel / Matthias Naumann

C21 Gesicht des Denkenden von der Zeit nach ihm

Eben
Stellten sie den Stuhl, den alten
Worauf steht „auf dem soll sitzen
Nur der gut ist und am besten: jeder“
Mit der vorgeschriebenen Bewegung
An den alten Platz, vom Maskenbrett
Griffen sie die abgegriffenen Masken
Schreiend teils, teils murmelnd sangen
Sie den Text, bemüht, ihn
Rein zu halten von Gefühlen
An den vorgeschriebenen Stellen klatschten
Ihre Hörer höflich zeigend
Dass sie eingeweiht sind und noch
Einverstanden
Und er wartete
Ab noch jene Stelle, wo der
Erste Spieler sich falsch setzen muß, und als sie
In der angegebenen Weise pfiffen, sah er
Dass sie die Gesetze ehrten, und
Verließ sie[1]

Chor / Antike / Lehrstück

B 20

Chor So verlassen die Besten, ist an ei
nem Punkt der Erdoberfläche
Eine Idee aufgetaucht, s o f o r t die
Position (den Krieg) und n i c h t s
Hält sie zurück, die Zeit spaltet
Sich in alt und neu, sie tun nichts
Altes mehr.
Aber die Zeit rollt noch weiter.[2]

Ausgangspunkt für *Fatzer – eine Zeremonie* war die Auseinandersetzung mit dem Chor. Was ist der Chor, wer ist ein Chor? Beim Sichten des *Fatzer*-Fragments bzw. -materials sprachen mich sofort

1 Bertolt Brecht: Fatzer. In: *Werke. Große kommentierte Berliner und Frankfurter Ausgabe*, Bd. 10/1. Frankfurt am Main: Suhrkamp 1997, S. 387–529, hier S. 523 (C 21).
2 Ebd., S. 439 (B 20).

die chorischen Passagen an, sicher deswegen, weil ich mich bereits lange mit der literarischen und theatralen Rezeption des Chors – insbesondere seiner Rolle und Funktion in der griechischen Antike – beschäftigt hatte. Schiller, Nietzsche und Schlegel, aber auch z. B. Walter Burkert, Anton Bierl oder Simon Goldhill: Sie alle verweisen auf die rituellen, ja religiösen Ursprünge der Tragödie und des Theaters und der speziellen Rolle, die dem Chor, der Gemeinschaft dabei zukommt. Welche Arten von Gemeinschaften und Einheitsgefühlen werden hier erzeugt, wie politisch war und ist dieses Erzeugen von Gemeinschaften? Zudem liegt auch in den nicht ausdrücklich chorisch gedachten Texten des *Fatzer*-Materials eine Rhythmizität, die – ähnlich den Lehrstücken – schon beim Lesen quasi rituelle ‚Energien' auslöst. Diese Energien erzeugen wiederum das Bedürfnis nach Brechung des Rhythmus, zumindest aber das Bedürfnis, eine der formalen, musikalischen und inhaltlichen Wucht entsprechende theatrale Form zu finden.

> Der Rhythmus bezwingt, und gerade darum ist er – ungebrochen – ein kitschiges, ein künstlerisch potentiell desaströses Kunstmittel. Einzig ein Brechen des Rhythmus, ein gestörter Rhythmus kann beispielsweise Brecht Genüge tun. […] Gleichwohl eignet auch dem epischen Theater in der Aufführung eine – von Brecht selbst als Regisseur bewusst hergestellte und minutiös geplante – Rhythmisierung samt den damit unvermeidlich einhergehenden Sinn-Setzungen, bei denen stets die Gefahr besteht, dass die großen Wogen des Ganzen die kleinen Wellen widerständiger gegenstrebiger Momente verschlucken. An einem Punkt seines Wegs freilich wollte Brecht mit dem (so gesehen) unvermeidlich autoritär rhythmisierenden Theater dahin gelangen, dass es sich dem Zwang der rhythmischen Gewalt gänzlich sollte entziehen können. Die Dokumente dieses Wunsches sind die Lehrstücke und das *Fatzer*-Fragment.[3]

Der legenden- oder gleichnishafte Plot des *Fatzer* eröffnete, zwecks Verbindung von Musikalität und Stoff in einer theatralen Form, die Möglichkeit, an der Schnittstelle zwischen Theater und (fiktionaler) Mythos- bzw. Kultbildung zu experimentieren – eine Situation zu schaffen, in der wir der kultur- und differenzgenerierenden Kraft des Theaters nachforschen. Es ist natürlich kein Zufall, dass die Entstehung des Theaters in der Antike parallel zum Entstehen der attischen Demokratie verläuft und genau an dieser Schnittstelle zwischen Gemeinschaft und Einzelnen experimentiert wird. Riten und Mythen werden zu politischen (und kultisch-religiösen) Zwecken

3 Hans-Thies Lehmann: Lehrstück und Möglichkeitsraum. In: Simone Mahrenholz / Patrick Primavesi (Hrsg.): *Geteilte Zeit. Zur Kritik des Rhythmus in den Künsten.* Schliengen: Argus 2005, S. 229–241, hier S. 231.

um- und neugedeutet und mit Hilfe des entstehenden Theaters, also über Identifikation und Differenz, in einen kollektiven und individuellen Identifikations- und Differenzrahmen gespannt. Die Aufführungen im antiken Griechenland, insbesondere die Dionysien in Athen, waren Ereignisse, bei denen im Zusammenspiel zwischen Norm und Überschreitung die Polis gepriesen, gleichzeitig aber auch die Probleme der Gesellschaft dargestellt und somit öffentlich verhandelt wurden.

> Der agonal organisierte ‚theatre state' spiegelt sich in dionysischer Verzerrung im Dramenwettbewerb. Die Stadt stellt sich anlässlich der ‚show for Dionysos' selbst im Schaurund aus. Man setzt sich vor sich in Szene, das Volk agiert und nimmt daran schauend teil. [...] Die bakchische Perspektive verunsichert, stellt alles in Frage und schafft performativ komplementäre Handlungsspielräume. Die in Dionysos bestehende Spannung zwischen zahlreichen bipolaren Oppositionen, wie zwischen stabilisierender Polisgottheit und destabilisierender Macht des Draußen, Ordnung und berauscht-rasendem Wahnsinn, Selbst und Anderem, Mann und Frau, Leben und Tod, wird von der institutionellen kultischen Rahmung auf das eigentliche Spiel übertragen. [...] Von Anfang an und vor allem seit Thespis, der dem Satyrn-Dithyramboschor wohl als erster einen Einzelschauspieler als Deuter und Antworter (*hypokrites*) gegenüberstellt, ergibt sich freilich eine Spannung zwischen Repräsentation und ritueller Antiaffirmativität, die letztlich durch Dionysos überspannt wird. [...] Man braucht die Tragödie, um in einer komplementären Welt des Mythos auf der Folie des Anderen die Auflösung der Ordnung unter Herstellung einer Öffentlichkeit, die im Chor immer zum Teil das Selbst repräsentiert, experimentell durchzuspielen. Dionysos gibt als *Lysios* destruktive Energie frei, die im spontanen Miterleben für ein Gemeinschaftserlebnis genutzt wird und zum Denken anregt. [...] Weder gibt es hier die Norm einer durchgehenden Fiktion noch eine beständige Identifikation. [...] Schlüssel ist der Chor [...].[4]

Heute jedoch gibt es in der Gesellschaft, in der wir leben, keinen gesellschaftlichen Rahmen und auch keine so eindeutigen Rituale, innerhalb derer eine Gemeinschaft oder Gesellschaft sich selber so zum Thema machen könnte. Publikum und Spieler bleiben im Wesentlichen, was diese Art von Sinnerzeugung betrifft, getrennt. Und an diesem Punkt kommt Brechts Lehrstück ins Spiel, die theatralen Experimente, an denen er in der Zeit vor seinem Exil arbeitete. Im Lehrstück sollte nicht zwischen Spielerinnen und Publikum unterschieden werden, es entstand also ein ‚gemeinschaftlicher' Rahmen der Sinnerzeugung. Und so stellte es sich für unser Projekt

4 Anton Bierl: Zwischen dem Selbst und dem Anderen. Aischylos' ‚Perser' und das Politische in der antiken Tragödie. In: Matthias Dreyer / Erika Fischer-Lichte (Hrsg.): *Antike Tragödie Heute. Vorträge und Materialien zum Antiken-Projekt des Deutschen Theaters.* Berlin: Henschel 2007, S. 49–65, hier S. 52–58.

als folgerichtig dar, in einer Verbindung zwischen Kult und Theater eine Situation zu fingieren: eine Zeremonie, in der Spieler und Publikum als Erkenntnispartner, als Chor- und Gegenchor symbolisiert würden.

> Auch daran zeigt sich, dass im *Fatzer* verschiedene Theaterformen aufeinander prallen: Versatzstücke des epischen Dramas, in dem familiäre und Geschlechterverhältnisse als Relikte des bürgerlichen Trauerspiels (Furcht und Mitleid) noch zentral sind, und Elemente des Lehrstücks, das die Institutionalisierung der Verhältnisse vorführt, Privates tilgt und mit der Zuspitzung der Affekte und der Einführung von Chören (auch über die antike Tragödie hinaus) auf dem Schrecken als einem Erkenntnismoment beharrt. Anstatt den Untergang des Egoisten als Drama zu gestalten, hat B. die Verhandlung darüber, ‚Was eigentlich los war', an die Zuschauer delegiert (S. 477). Für das Projekt eines Theaters, in dem es nur Spieler, keine Zuschauer geben sollte (‚Pädagogium'), wurde dann die Darstellung des Asozialen grundlegend: Die ‚asozialen Triebe' seien dadurch zu ‚verbessern', dass sie auf dem Theater von jedem erzwungen würden (S. 525).[5]

Zeremonie einer fiktionalen Gesellschaft nach dem Aufstand

Die Vorstellung des Settings, der fiktiven Rahmensituation – einer offenen Zeremonie in einer zukünftigen Gesellschaft nach dem Aufstand – nahm gedanklich ihren Ausgang von einigen Texten des *Fatzerkommentars*. Der mögliche Handlungsverlauf der Ereignisse um die vier Deserteure in Mülheim, der sich neben anderem aus den Texten des Fragments konstruieren lässt, kollabiert am Punkt ihrer mangelnden Kollaboration: in der zersetzenden Dauer des Wartens auf einen Aufstand, eine Revolution, die nicht eintritt – zumindest nicht, vor die potentiell revolutionäre Zelle um Fatzer sich nicht selbst zerstört hat. Ihr politisches Überlegen, Planen, Handeln, Warten mag so aufgrund ihrer inneren Zersetzung und letztlichen Zerstörung als vergeblich, als gescheitert erscheinen, da – wie wir wissen – es keine Revolution gab in dem Mülheim, dem Deutschland, das den historisch realen Spielort ihrer fiktiven Handlungen gibt. Ein Ausgangspunkt unseres Denkens war nun, dass in der möglichen Welt, in der die vier scheitern – aber vielleicht vorbereitend, wirkungsvoll scheitern – der Aufstand, die Revolution, auf die sie warteten, dennoch stattgefunden habe: nachdem sie Fatzer opferten oder vielleicht gerade aufgrund dieses Opfers. Oder zumindest in der rückblickenden Konstruktion der

5 Judith Wilke: Fatzer. In: Jan Knopf (Hrsg.): *Brecht-Handbuch*, Bd. 1: Stücke. Stuttgart: Metzler 2001, S. 167–177, hier S. 173–174.

Ereignisse ‚aufgrund dieses Opfers', also dass in der mythischen Erzählung der nachfolgenden Revolution die Tötung Fatzers zum rituellen, rituell zu wiederholenden Opfer konstruiert wurde, das in der Wiederholung aber keinen mehr tötet. Die Geschehnisse um Fatzer würden damit zu einem Mythos, der erzählerisch die Entstehung einer zukünftigen Gesellschaft präfiguriert. Für diese zukünftige Gesellschaft wäre, diesen Mythos zu erinnern, wichtig, für ihr politisches Selbstverständnis zentral. Doch wie würde diese Gesellschaft nach jener Revolution aussehen, auf die Fatzer und seine Gefährten warteten und die wohl dann zu einer freieren Gesellschaft geführt haben sollte, als die realen sozialistischen Revolutionen in der Lage waren zu erzeugen? In welcher Form, aus welchem Anlass, was und wie würde diese Gesellschaft an und mit *Fatzer* erinnern?

Der *Fatzerkommentar* enthält einige Texte, die Vorstellungen einer zukünftigen Gesellschaft skizzieren, in der die Erzählung von Fatzer einen zeremoniellen Ort gefunden hat, der gleichsam zentral für ihr Selbstverständnis, ihre Lehre und ihr Lernen zu sein scheint. Dabei tritt bei der Weitergabe, dem Wiederholen, dem Nocheinmal-Spielen ein auf das Reflektieren momentanen und zukünftigen Handelns gerichtetes Vergegenwärtigen in den Vordergrund. Das Zeremonielle daran erscheint u. a. in C 13, dem – bei uns chorischen – Text über den Spruch:

> Nachdem der Spruch gesprochen wurde, soll er aufbewahrt werden, bis der Sprecher gestorben ist. Dann soll er an seinem Leichnam oder, wenn er nicht auffindbar ist, im Beisein seiner Verwandten und Freunde wieder gesprochen werden von ihm selbst. Er soll aber aufbewahrt werden und nach zehn Jahren soll sein Name in den Schulen genannt werden mit anderen, und wenn er vergessen ist, sollen die Schüler sagen: vergessen. Wenn er aber nicht vergessen ist, soll er selber wieder den Spruch sprechen und dies so lang, bis er vergessen ist.[6]

Aber auch wenn es um die Rolle des Pädagogiums geht, vor allem in C 23, scheint von einem zukünftigen Umgang des Spiels mit dem *Fatzer*-Material (und anderen Texten) die Rede zu sein, das als Theaterspielen durch die Gleichzeitigkeit von Tätigsein und Betrachten „die jungen Leute"[7] durch den Staat erziehen ließe, denn:

6 Brecht: Fatzer, S. 519 (C 13).

7 Ebd., S. 524 (C 23).

> Über den Wert eines Satzes oder einer Geste oder einer Handlung entscheidet also nicht die Schönheit, sondern: ob der Staat Nutzen davon hat, wenn die Spielenden den Satz sprechen, die Geste ausführen und sich in die Handlung begeben.[8]

Diese Ausrichtung des Theaterspielens auf den Nutzen des Staates kann natürlich zunächst einmal das Schlimmste befürchten lassen, die grauenhaftesten Vorstellungen einer Funktionalisierung von Theater erzeugen. Das Interessante an dieser Forderung ist aber die nach der „Darstellung des Asozialen"[9] – also nach der Konfrontation mit Möglichkeiten des Ausbruchs, Unterlaufens, der Veränderbarkeit dessen, das als ‚das Soziale'[10] besteht. Die Auflösung und das Unterlaufen des Gegebenen sollten also als zeremonieller Bestandteil der Verhältnisse erscheinen – und damit als politisierende und zugleich integrierende Kraft auf deren Veränderung zielen. Die rituell-zeremonielle Wiederholung der Fatzer-Legende als Ursprungsmythos ließe dann die fiktive, zukünftige, aus einem alternativen Geschichtsverlauf (oder -sprung) hervorgegangene Gesellschaft und ihre Wirklichkeit immer wieder von Neuem interpretierbar werden, einen Sinnhorizont eröffnen, der sozio-politisch und kulturell gesellschaftliche Verhältnisse im Festigen verändert oder im Verändern festigt – eben durch organisierte Infragestellung und Überschreitung.

Wie organisiert eine Gesellschaft auf der Basis eines überlieferten Textmaterials, wozu das Fragment ja werden musste, ein solches Ritual? Wir gingen zunächst davon aus, dass es unterschiedliche Gruppen innerhalb dieser Gesellschaft gibt, die aufgrund ihrer unterschiedlichen Geschichte in den gesellschaftlichen Verhältnissen unterschiedliche Weltsichten und sozio-politische Werte entwickelt haben. Eine Gruppe ist z. B. traditioneller, die andere physisch-körperlich bewusster, eine weitere auf Veränderung im Einverständnis bedacht. Es galt nun, eine theatrale Zeremonie zu entwickeln, innerhalb derer die Unterschiedlichkeiten zum Tragen kommen und v. a. auch die gegenseitige und gemeinsame Interpretation des gesellschaftlichen Zusammenlebens erweitern. Wir

8 Ebd., S. 525 (C 23).

9 Ebd., S. 525 (C 23).

10 Das Soziale hier verstanden im Sinne von Ernesto Laclau: „[T]he social can consist only in the sedimented forms of a power that has blurred the traces of its own contingency." (Ernesto Laclau: Power and Representation. In: Ders.: *Emancipation(s)* [1996]. London / New York: Verso 2007, S. 84–104, hier S. 103); vgl. auch Chantal Mouffe: *On the Political*. London / New York: Routledge 2005.

nahmen an, dass in den Gruppen – dem Modell des *Fatzerkommentars* folgend – Pädagogien gegründet worden waren, die gewissermaßen Stellvertreterinnen ausbilden, um bei der in regelmäßigen Abständen stattfindenden Fatzer-Zeremonie die jeweilige Gruppe und ihre aktuelle – gemeinschaftliche wie auch persönliche – Interpretation der Schrift zu (re)präsentieren. Die vier Schauspielerinnen agierten in unserer Inszenierung also als Vertreterinnen, als Haltungsträgerinnen unterschiedlicher Schulen einer fiktionalen Gesellschaft.

Die Gründerinnen der gemeinsamen Zeremonie mussten ursprünglich einen Ablauf und eine Textauswahl zusammenstellen, die dann wiederkehrend von den ausgewählten Haltungsträgern der Gruppen dargeboten werden mussten. Da die Zeremonie vor wichtigen politischen Versammlungen und Entscheidungen vollzogen wird, musste allen Stimmen Gerechtigkeit widerfahren, jede die gleiche Chance haben, die jeweiligen Texte in ihrer Interpretation darbieten zu können. Die Zuteilung der Positionen innerhalb der sieben Kapitel, in die sich die Zeremonie gliedert, – also wer was spricht, welche Handlungen vollzieht – wird als Teil der Zeremonie zu Beginn eines jeden Kapitels ausgelost. Es ist also möglich, dass im einen Jahr die skeptische Schule einen Text als Monolog vortragen darf, der beim nächsten Treffen von einer anderen Schule übernommen wird. Gleichzeitig muss der Ablauf gemeinsam vollzogen,

die Chöre immer gemeinsam gesprochen werden. Durch einen bestimmten Auszählmodus ergibt sich über die Zeremonie verteilt eine bewusst zufällig erzeugte Wertung, die zum Schluss eine der Haltungsträgerinnen als ‚Fatzer' kennzeichnet, der schließlich symbolisch geopfert wird.
Die Zeremonie des Fatzer-Mythos wird in der zukünftigen Gesellschaft am Vorabend wichtiger politischer Versammlungen vollzogen, um den an den politischen Entscheidungen Beteiligten noch einmal zentrale Konfliktpunkte politischen Handelns, gleichzeitig aber auch die Notwendigkeit vor Augen zu führen, politisches Handeln im Hinblick auf eine freiere, emanzipiertere Gesellschaft letztlich als Handeln der Macht überflüssig zu machen, sich also selbst durch das eigene politische Handeln zu versenken. Denn mit diesem Chor endet die Zeremonie:

> Verlaß deinen Posten.
> Die Siege sind erfochten. Die Niederlagen sind
> Erfochten:
> Verlaß jetzt deinen Posten.
>
> Tauche wieder unter in der Tiefe, Sieger.
> Der Jubel dringt dorthin, wo das Gefecht war.
> Sei nicht mehr dort.
> Erwarte das Geschrei der Niederlage dort, wo es am lautesten ist:
> In der Tiefe.
> Verlaß den alten Posten.
>
> Du hast nicht ausgereicht
> Du bist nicht fertig
> Jetzt hast du die Erfahrung und reichst aus
> Jetzt kannst du beginnen:
> Verlaß den Posten.
>
> Der Geschlagene entrinnt nicht
> Der Weisheit.
> Halte dich fest und sinke! Fürchte dich! Sinke doch! Auf dem Grunde
> Erwartet dich die Lehre.[11]

Auch der Spruch aus C 13 zielt auf das Vergessen, das zugleich im Zeremoniellen, also einer Form des Erinnerns beschworen wird:

> Ich werde nicht herrschen
> Noch die Unwahrheit sagen
> Noch handeln ohne Überlegung
> Noch einem Menschen dienen
> Noch Unzufriedenheit zeigen

11 Brecht: Fatzer, S. 511–512 (B 86), in der gekürzten Form unserer Spielfassung.

Noch unnützlich sein
Aber was ich getan habe
Kann gewesen sein: herrschen
Aber was ich gesagt habe
Kann gewesen sein: unwahr
Aber was ich gehandelt habe
Kann gewesen sein: ohne Überlegung
Möge ich also vergessen werden
Ich bin nichts.[12]

Was soll also vergessen, was erinnert werden an dem persönlichen Handeln der vier, dem Warten auf eine Revolution, einen vielleicht neuerlichen, zukünftigen Aufstand?

Besetzung / Frau Kaumann und Herr Fatzer

In unserer Zeremonie wurden die Rollen der vier Haltungsträgerinnen mit vier Frauen – Dela Dabulamanzi, Johanna Diekmeyer, Josephine Fabian und Katharina Nesytowa – besetzt. Durch das Zeremonie-Konzept entstand eine konstruktive Distanzierung zu den Texten, die sie unseres Erachtens sehr genau und gut lesbar und interpretierbar machte, aber dem voraus ging noch die Entscheidung, diese Situation von Frauen performen zu lassen. Durch den bewussten Verzicht auf klare Rollenzuweisungen – vor allem eine dem Stoff ‚entsprechende' Repräsentation durch ‚markige' Männer – sollte ein genaueres Zuhören erreicht werden. Es galt, die Sprache von den im Stoff angelegten Gendervorstellungen zu distanzieren, um das Fragment neu hören und in andere Richtungen öffnen zu können, es somit durch eine andere physische Energie vom ‚Militärischen', ‚Markigen' zu entbinden und so nicht zuletzt auch auf inhaltlicher Ebene im Feld dieses zukünftigen Staats die

12 Brecht: Fatzer, S. 519–520 (C 13).

Verhältnisse des Zusammenlebens von Frauen und Männern in ihrer Organisation und Interpretation zu reflektieren.
Dadurch wurde Therese Kaumann zu einer zentralen Figur der Fassung. Ihr Warten auf die Männer aus dem Krieg stellten wir als Perspektive der Desertion voran und ließen es in ihren Rundgang – hier nicht Fatzers – durch die Stadt Mülheim als einen geisterbeschwörenden rituellen Vorgang münden. Ihre Verführungsszene mit Johann Fatzer wurde zum zentralen Moment in der Mitte der Zeremonie, Kontrapunkt und Frage an die Opferung Fatzers, die die Zeremonie abschließt. Die Forderung nach und das Ausleben einer freien, nicht durch die gesellschaftlichen Zwänge und Konventionen restringierten Sexualität bildet im Fragment ein Moment, das zum Bruch zwischen Fatzer und den anderen führt, ein Präludium seiner Tötung. In der Zeremonie wurde dieser Strang, von Brecht als „Furchtzentrum des Stücks"[13] bezeichnet, zentral als ein auch in jener zukünftigen Gesellschaft anscheinend ungelöstes, immer wieder neu zu verhandelndes Problem.

Fassung / Ablauf / Masken

Die Textfassung für den Abend schöpfte vor allem aus den nichtszenischen Teilen des Fragments, den Kommentaren, poetischen oder reflexiven Texten, Prosaentwürfen und Chortexten, aber auch einigen durch Maskenspiel verfremdeten Spielszenen. Dabei ging es nicht darum, einen narrativen Handlungsverlauf herzustellen, sondern in sieben Kapiteln einzelne Positionen und Perspektiven der *Fatzer*-Handlung zu zeigen, die locker auch eine sprunghafte Entwicklungsfolge ergaben, im Sinne einer szenischen Argumentation und Reflektion auf das Opfer hin. Jedes der sieben Kapitel

13 Ebd., S. 428 (A 9).

begann mit einer ‚Lesung', einem kurzen einführenden Text, meist aus den Prosaentwürfen, der das Thema oder die Perspektive des jeweiligen Teils skizziert. Es folgte eine Collage von Texten, die in den ersten beiden Kapiteln noch ganz ohne Spielszenen auskam. Das erste Kapitel bestand nur aus B 58 „Aber als alles geschehen war…", die Situation des Endes vorstellend, der einzige Text, der gegen Ende der Zeremonie noch einmal wiederholt wurde. Das zweite Kapitel diente einer Vorstellung und Reflexion der „Position Fatzer". Es folgten „Frau Kaumann und der Krieg", „Krieg ist sinnlos – eine Idee / Der Chor jubelt", „Rückkehr und Sex", „Prüfung und Bruch" und das abschließende „Todeskapitel".
In den Kapiteln 3 bis 6 fügten wir einige der Spielszenen aus *Fatzer* ein, um so zentrale Momente der Handlung zu zeigen: Das Warten Frau Kaumanns auf die Männer, die im Krieg sind; die Desertion; die Rückkehr nach Mülheim und die sexuellen Beziehungen der Frau Kaumann; die anderen werfen Fatzer seinen Egoismus vor und verleiten ihn zum endgültigen Verrat. Diese Szenen wurden mit Masken gespielt, welche die fünf zentralen Figuren – Therese Kaumann, Fatzer, Koch, Kaumann und Büsching – zeigten, sowie zwei weiteren Masken für die Mülheimer Frauen. Die Masken ermöglichten eine besondere Körperlichkeit der Haltungsträgerinnen und das Zeigen ihrer Rollen, sie erzwangen einen formaleren Sprachgebrauch und übersteigerten damit die Realität, den ‚realistischen' Duktus der Spielszenen. Natürlich wechselte, wer welche Maske übernahm, z. B. wenn wie beim Warten Therese Kaumanns auf die Rückkehr der Männer aus dem Krieg nacheinander zwei Fragment-Varianten der Szene gespielt wurden.
Die Anordnung der anderen Texte folgte häufig einem musikalischen Prinzip zwischen Einzeltexten, die z. B. als Gebete, Positionstexte oder ‚1 gegen 3' zu verstehen waren, chorischen Texten mit unterschiedlichen Intensitäten und Haltungen, der Zerlegung einzelner oder Gegeneinanderstellung verschiedener reflexiver oder Kommentar-Texte zu Formen gemeinsamen Mit- und Gegeneinandersprechens, das ein Nachdenken über die unterschiedlichen Denkfiguren, sozialen und politischen Fragen des Texts erlaubte.

Schwelle / Zufall

Ein wichtiger Moment war der Beginn, der Übergang der Gemeinde der zuschauend Tätigen in die Zeremonie. Der Übertritt aus der ‚profanen' in die ‚heilige' Zeit ist immer eine Schwelle. Entsprechend nahmen wir diese Schwelle zum Anlass, das Publikum Teil und ‚Bestimmer' der Zeremonie werden zu lassen. Das Publikum wartete im sommerlichen Hof des Ballhaus Ost – bzw. vor dem Ringlokschuppen Ruhr –, als die vier Spielerinnen bereits chorisch B 63 „Ihr noch wißt …" sprechend über den benachbarten Friedhof und die Straße durch den Torbogen – bzw. durch den umgebenden Park – zu den Zuschauerinnen kamen, um den Torbogen mit der Reihe ihrer Körper schließend den Chor noch einmal zu sprechen. Daraufhin löste sich die Vierergruppe auf und jede adressierte einzelne Zuschauer mit einem persönlichen, der Haltung ihrer Gruppe entsprechenden Text aus dem Fragment – C 26 „Lange erwog der Denkende …" / B 60 „Die Elenden von heute …" / B 21 „Auch er ist doch …" / B 72 „Bleibe auf dem Platz …" – und segnete sie.
Nur an einer Stelle gegen Ende nach dem zweiten Rundgang, diesmal Fatzers, an der Schwelle zur Opferung, spricht jede der vier Frauen noch einmal einen persönlichen Text ihrer Schule, dem ihre ‚Reliquie' aus dem Fatzer-Mythos – die Stiefel, das Seil, die Leere, das Fleisch – zugeordnet wird, die einzigen in der Zeremonie verwendeten Requisiten.
Zu Beginn im Hof boten die vier denen, zu denen sie ihre persönlichen Texte sprachen, ‚Perlen' ihrer Schule an, Markierungen für die ihnen Zugehörigen, sich zu ihrer Gruppe Wählenden. In den Behältnissen, aus denen sie verteilten, blieben entsprechend immer unterschiedlich viele Perlen zurück. Nachdem das Publikum nun mit Chören und Segnungen in den Raum geführt worden war, begann die Zeremonie. Ein Grundgedanke der Zeremonie ist, durch die Einführung des Zufalls Gerechtigkeit zwischen den Gruppen/ Schulen herzustellen. Deshalb wird zu Beginn jedes Kapitels ausgelost, wer in diesem welche Position übernimmt – Fatzer, Therese, Koch etc. – und damit welche Texte spricht, welche Handlungen vollzieht. Nur die erste Losung zum ersten Kapitel hat Folgen für die gesamte Zeremonie, da sie die Chorführerin festlegt, die auch bestimmte Texte am fernen Ende des Raums alleine spricht.
In der Aufführung ließ sich dieser Gedanke des Zufalls in der Zeremonie leider nicht konsequent durchführen, wirklich immer zu jedem Kapitel die folgende Verteilung durch das Los zu ermitteln.

Um den Zufall aber dennoch zu erhalten, gab die jeweilige Restzahl an Perlen den Ausschlag dafür, welche Schauspielerin einen bestimmten Part im sechsten Kapitel „Prüfung und Bruch“ an diesem Abend übernehmen würde, die ‚offene Ansprache‘ aus den Fragmenten B 54 „Wir sind / Zu sehr gedrückt …“ und B 78 „Ich weiß nicht, ob ich mein Stück Fleisch herausschnitt …“, und diesen ihrer Vorstellung gemäß darbieten würde. Dies wurde jeden Abend von den Zuschauerinnen entschieden, ohne dass sie um die Konsequenz ihrer Wahl einer Perle wussten.

Gemeinsam Sprechen

Neben der Figur des Chors und der frühen Entscheidung für bestimmte Texte, dass sie chorisch gesprochen werden müssten, führte mich die Auseinandersetzung mit der Konstellation der vier Haltungsträgerinnen zueinander, aber auch zu dem in der Zeremonie stets präsenten Thema des Verhältnisses zwischen der Einzelnen und der Lehre, für die sie spielt, aber auch der Gesamtheit der Versammlung, Bevölkerung, um die es in dieser Ausrichtung auf eine politische ‚Gemeinschaft' geht, zu der Aufgabe, eine andere Form gemeinsamen Sprechens zu entwickeln als die streng gebundene, aus vier Stimmen eine Stimme formende Gestalt des Chors. Auch eine Form, die gegebenenfalls noch einmal eine andere Musikalität aus den Texten herauszuarbeiten vermag als die starke Rhythmik und Wucht des chorischen Sprechens. Diese entwickelte sich an der Aufteilung mehrerer Texte, meist Kommentar-, Gedicht- oder erzählender Passagen, keinen Dialogszenen, als gemeinsam zu sprechende, in dem sich Zeilen, Satzteile, Worte weitergegeben wurden und die Sätze, Texte so als gemeinsam gesprochene entstanden, indem sie durch die Stimmen liefen. (Ein nicht zuletzt von Händl Klaus inspiriertes Verfahren.) Zum Beispiel:

Dela Daß einmal etwas nicht im Sand verläuft
Johanna Was jeder Sach natürlicher Verlauf,
Josi wir wissen's
Katja Daß zwei nicht zwanzig ist und das,
Josi was einer gesagt
Johanna Nicht anders gemeint war,
Dela daß eine einfache Sache
Josi Einfacher werde im Verlauf
Dela dem Menschen zum Staunen
Johanna So wie ein Netz,
Katja wenn's Fischer versenken
Johanna Groß zieht und weit aufs allgemeine gehend
Katja Doch wenn der Fang geholt wird,
Johanna klein und einfach wird
Dela So sei's mit Fatzer
Katja Und wo ein Fluß war, der sehr stank
Josi und wo Leute Standen und sagten:
Dela heute
Johanna Ist er wieder voll von stinkendem Öl
Dela oder heute
Josi Ist er giftgrün
Johanna oder jetzt
Katja wird er klarer
Dela Da soll

Johanna	kein besserer Fluß mehr
Katja	fließen, sondern
Dela	Kein Fluß mehr.
Katja	Also daß die Leute kommen
Josi	morgens
Katja	und sehen
Johanna	Da ist
Josi	kein Fluß mehr.
Johanna	So Soll dieser Fatzer auch kein besserer
Dela	oder schlechterer
Josi	Fatzer Sein,
Dela	sondern es soll
Katja	Kein Fatzer mehr
Josi	sein
Dela	Damit auch dieser Erd ein Zeichen ist
Katja	Errichtet in Kümmerlichkeit,
Johanna	drum
Josi	statt eines Steins Von riesigem Umfang
Johanna	nur ein Loch
Dela	geworden
Katja	Aber doch ein Zeugnis
Josi	dafür, daß auch In finsterer Zeit schwarz schwarz
Katja	war
Dela	und weiß
Johanna	weiß.[14]

14 Brecht: Fatzer, S. 459–460 (B 39).

Bald wurde klar, dass zentraler Text dieser Form gemeinsamen Sprechens die Beschreibung der Verführung Therese Kaumanns durch Johann Fatzer oder Johann Fatzers durch Therese Kaumann sein musste, das ‚Furchtzentrum des Stücks', das in der Zeremonie einen hervorgehobenen Ort einnehmen sollte. Hervorgehoben durch den Umgang mit der Sprache und die freie, improvisierte Bewegungsfolge dazu. Die Aufteilung dieses Texts orientierte sich dann bereits kaum mehr an inhaltlichen Positionen der vier Haltungsträgerinnen zu Textfragmenten, Worten, Satzteilen, die sie womöglich in einer Aufteilung sprechen würden, sondern primär am Klang ihrer Stimmen als musikalischem Element zur Strukturierung des Texts. Während eine Stimme den Grundton des Texts bildete, setzten sich die anderen in unterschiedliche Verhältnisse zu ihr, einerseits durch rhythmische Ordnungen, andererseits durch in ihrer Stimme wiederkehrende Wort-/semantische Felder und durch die Strukturierung von Wiederholungen einzelner Teile des Texts. So ergab sich im Hören eine Gemeinsamkeit des Texts aus der Verschiedenheit der Stimmen, in ihrer dichten, sich immer wieder anders abwechselnden Folge, die die Spielerinnen zusammenführte, auch in ihrer körperlichen Präsenz in dieser gemeinsamen Verführungsszene, ohne sie zu einer – auch im repräsentierenden Sinne – Einheit zu machen, wie es das chorische Sprechen an anderen Stellen vornahm. So sprechend waren sie gemeinsam verschieden.

Sterbelehre

B 60
Die Elenden von heute
Sind morgen glücklich, was tut's, wenn sie
Heute noch sterblich sind?
Wir raten euch: seht
Euch an diese vier, denn ihr werdet sie
Untergehend sehn handeln wie
Aufwärtsgehende. Soviel besorgt
Nicht sterbend, der ohne Erben ist
So genau prüft seines Hauses jeglichen Stein nicht
Beim Bau, wer nie drin zu wohnen denkt
Freilich sie
Gehen nicht weg, da ein Geschäft sie ruft
Sondern ins Leere. Was sie nicht tun
Das ist ihrer Feinde Verderb
Und ihre Zukunft liegt
Nach ihnen. Drum hört zu
Denn viel wichtiger für euch
Ist, was sie sagen, als
Für sie selber.[15]

Bereits bei diesem ‚Schwellentext' unserer Inszenierung, der Ansprache einer Haltungsträgerin an Eintretende kurz vor dem Übertritt aus der ‚profanen' in die ‚heilige' Zeit, wird deutlich, dass das aus der Zeremonie zu Lernende auch mit dem Verhältnis der Kultur zum Tode zu tun hat. Der Umgang mit dem Tod ist in jeder Zivilisation ein zentraler Motor für Kultur und das Verständnis von Welt und somit auch ein Schlüssel zum gemeinschaftlichen Handeln, auch in sozio-politischer Hinsicht. Im *Fatzer*-Material gibt es mehrere Texte, die für das Erzeugen einer fingierten Zeremonie in

15 Brecht: Fatzer, S. 479–480.

dieser Hinsicht verwendbar sind. Für die Ausformung der ‚Ideologie' oder des rituellen Überbaus der fiktionalen Gesellschaft war dann als Komplementärlektüre zum *Fatzer* das *Badener Lehrstück vom Einverständnis* sehr prägend. Es gibt textliche und inhaltliche Überschneidungen zwischen ihm und dem *Fatzer*-Material, insbesondere im religiös-thanatologischen Bereich. Denn gewissermaßen stellt das *Badener Lehrstück* eine Sterbelehre dar:

> DIE DREI GESTÜRZTEN MONTEURE
> Du bist aus dem Fluß gefallen, Mensch.
> Du bist nicht im Fluß gewesen, Mensch.
> Du bist zu groß, du bist zu reich.
> Du bist zu eigentümlich.
> Darum kannst du nicht sterben.
> DER GELERNTE CHOR
> Aber
> Wer nicht sterben kann
> Stirbt auch.[16]

Und:

> Richtet euch also sterbend
> Nicht nach dem Tod
> Sondern übernehmt von uns den Auftrag
> Wieder aufzubauen unser Flugzeug.
> Beginnt![17]

Und schließlich:

> Ändernd die Welt, verändert euch!
> Gebt euch auf![18]

Die Verbindung des Todes und der Veränderung, ohne dabei eine Endlichkeit, Verlust oder Begrenzung zu beschreiben, sondern im Gegenteil eine Erneuerung, ist eine Perspektive auf Leben und Tod in beinahe mystischen Zeitkategorisierungen. Auch im mystischen Denken spielt häufig die Anbindung an Wasser-Metaphorik eine zentrale Rolle. Zur Figur des Flusses, des Fließens bei Brecht schreibt Hans-Thies Lehmann:

> ‚Du bist aus dem Fluß gefallen, Mensch': das ist in der Tat nichts geringeres als die Definition des Ich im epischen Theater. Es ist eine unendliche Arbeit am Flusswerden, am Fließen zu leisten. Genau in der Artikulation dieser Schwierigkeit und nicht etwa in der Verkündigung einer Lehre von der Unterordnung des einzelnen unters Kollektiv setzt die Arbeit von Brechts Lehrstücken und allgemein seines Theaters an. Daraus gewinnt es seine Kraft,

16 Bertolt Brecht: Das Badener Lehrstück vom Einverständnis. In: Ders.: *Drei Lehrstücke*. Frankfurt am Main: Suhrkamp 1975, S. 7–33, hier S. 29.

17 Ebd., S. 30.

18 Ebd., S. 32.

die ihm geraubt wird durch alle Versuche es als Medium einer politischen Botschaft zu nutzen, die man irgendwo absetzen will. Dieses Theater ist konzipiert als der Ort, an dem gerade in der immer neu ‚versuchten' Auseinandersetzung mit dem Block, der das Fließen verhindert, jene unendliche Aufgabe (im doppelten Sinn) des Subjekts zeigbar wird.[19]

Die Selbsterneuerung im Tod, die Hingabe, das ‚Einverständnis', alle diese Aspekte seiner Sterbelehre verbindet Brecht im *Badener Lehrstück*, aber eben auch im *Fatzer*-Material mit einem Motiv, das er auch in den anderen Lehrstücken zentral einsetzt: dem des Opfers. Das ermutigte uns, das Opfer als typisches rituelles Modell in unsere Zeremonie einzuführen, denn das Opfer erzeugt nochmals qua – realer oder symbolischer – Tötung ein sinnstiftendes Verhältnis zum Tod. Am Schluss unserer Zeremonie wird Fatzer symbolisch geopfert, um der Gesellschaft einen neuen Ausgangspunkt zu ermöglichen, ihr eine Interpretation der Legende abzufordern. Gleichzeitig wird die Sterbelehre vorgetragen, mit dem Auftrag, im Fluss zu bleiben, Fluss zu werden.

Tauche wieder unter in der Tiefe, Sieger.
[…]
Halte dich fest und sinke! Fürchte dich! Sinke doch! Auf dem Grunde
Erwartet dich die Lehre.[20]

Eine auf Kontinuität sich beziehende, auf Kontinuität in der / durch die Veränderung zielende Kulturstiftung muss und will durch eine Todeslehre mit einer grundlegenden Ambivalenz umgehen, einer Ambivalenz, die mit Endlichkeit und Unendlichkeit sich arrangieren muss, ohne dabei eine Unveränderlichkeit der Dinge annehmen zu müssen.

In seinem Diskurs kommt dem Tod weder zu, tröstlichen Sinn und Bedeutung zu stiften (das ist die Abwehr des tragischen Opfers), noch aber auch die Bedeutung, den Sinn zu dementieren. Der tragische Tod ist nicht sinngebender Rahmen (Benjamin), aber auch nicht das absurde Aus, nicht Teil einer Sprache der Vergeblichkeit. […] Brechts Auffassung, bei den Lehrstücken handle es sich um eine ‚Sterbelehre'. In dieser Sterbelehre erscheint aber ein anderes neues Ritual, das nunmehr ein Ritual des Theaters wird. Die Lehrstücke nehmen die Form des bekämpften Rituals an, dessen Pathos das Individuum noch einmal bestätigt, während das Ritual des Lehrstücks in der Einübung einer Haltung besteht, für die der Tod eben nicht eine feindliche und punktuelle Verneinung des Lebens ist, sondern Metamorphose, Steigerung und letzte Form eines dauernd schon erfahrenen Tods im Leben.[21]

19 Hans-Thies Lehmann: Den Tod sterben: Zu Brechts Dedramatisierung des Todes. In: *The Brecht Yearbook* 32 (2007), S. 176–187, hier S. 182.

20 Brecht: Fatzer, S. 512 (B 86).

21 Lehmann: Den Tod Sterben, S. 186.

Ritual und Opfer

C26
Lange erwog der Denkende Für und Wider
Des Dabeiseins Fremder
Beim Tode
Denn er bedachte, daß
Eines Menschen Schuld an den Staat
Gezahlt sein müsse vor
Seinem Tode
DER WEHRLOSE
Und er sah bekümmert
Wie man sie ihm hereintrieb
Vor den Absterbenden die
Unwissenden
Bis sie beschieden werden zu treten
Aufschnaufend in den
Nüchternen Tag
Aber dennoch beschloß er
Weder jenen noch jene
Zu entlassen[22]

Die Einführung des Opfers in unsere Zeremonie, ausgehend von den Motiven einer Sterbelehre und natürlich dem gemeinsamen Mord der Deserteure an Fatzer, machte es notwendig, sich mit dem Begriff ‚Ritual' auseinanderzusetzen. Denn gemäß der Ausgangsinspiration der Inszenierung – die im Chor sich rückbindende Antikenauseinandersetzung öffentlich-gemeinschaftlichen Kunstvollzugs in einem gemeinsamen Sinnrahmen (wie auch im Lehrstück) durch die Symbolisierung einer fiktiven Gemeinschaft als Chor und Gegenchor – lag geradezu nahe, die Zeremonie durch ein Opfer auch zu einem Ritual werden zu lassen. Ein Ritual, in dem Öffentlichkeit und Individuum sich transformieren oder erneuern bzw. sich der potentiell immer wiederkehrenden Erneuerung versichern.

> Die nicht nachlassende […] Aufmerksamkeit gegenüber Ritualen scheint einem gesellschaftlichen Bedürfnis nach Vergewisserung von Gemeinschaft durch kollektive Praxis zu entsprechen – auch wenn diese Gemeinschaft, bei genauerer Betrachtung, im Ritual immer auch auf dem Spiel steht. […] Möglicherweise lässt sich das Theater als eine Institution begreifen, die gerade diese Disparatheit des Rituellen, gewissermaßen das Heimelig-Unheimliche jeder Kollektivität, vor Augen führt und dadurch nicht zuletzt auch sich selbst und die Gemeinschaft der Zuschauer zu ihrem Thema macht.[23]

22 Brecht: Fatzer, S. 526 (C 26)

23 Susanne Gödde: Böcke, Satyrn, Wilde Männer. Ursprungsmythen des antiken Theaters. In: Dreyer / Fischer-Lichte (Hrsg.): *Antike Tragödie Heute*, S. 17– 32, hier S. 20.

Bei einer *Fatzer*-Zeremonie musste also die Einsetzung eines Rituals über die Interpretation des Mordes an Fatzer bzw. die Möglichkeit, den Mord als Opfer zu verstehen, geschehen. Im Ursprungsmythos unserer fiktiven Gesellschaft standen beispielhafte, ‚mythisch-historische' Wesen in einem Verhältnis zueinander, in Konflikten, die in ihrer beispielhaften Lösung immer wieder vor Augen geführt werden müssen. Gewissermaßen müssen sich der Konflikt und seine unlösbare Lösbarkeit immer wieder wiederholen. Hier schließt sich der Bogen zu der von Brecht formulierten Theorie des Asozialen. Denn im Gründungsmythos *Fatzer* stehen egoistische und übergeordnete Ziele einer Gruppe und ihrer Individuen gegeneinander, die sie nur durch Gewalt lösen konnten. Aber diese gewalttätige Lösung Bedarf einer übergeordneten Begründung (sofern die Motive jeweils rechtfertigbar sind) – und das in einer zukünftigen Gesellschaft, die an der Legitimität jeglicher Gewaltlösung zweifelt. Die Begründung, dass der Egoist für das Gemeinwesen geopfert werden muss, kann nicht ausreichen, denn der Egoist ist zugleich ja auch der kreative Motor der Gemeinschaft. Nein, auch die Unlösbarkeit von Widersprüchen ist Kernpunkt einer solchen Opferung, wenn sie qua Opfer immer wieder das Verhältnis von Tod, Gesellschaft, Individuum und Gewalt und eben Erneuerung thematisiert. Nicht zuletzt verschärft wird dies durch den Aspekt, dass der wesentliche Konfliktverstärker zwischen den Deserteuren im Furchtzentrum liegt, der Sexualität von Therese Kaumann (und Fatzer), die auch das Verhältnis von Mann und Frau problematisiert und erneut das Gewaltpotential einer Gesellschaft.

> Mythen wie Rituale rufen unablässig einen realen Ursprung in Erinnerung: ‚Das rituelle Gedenken [besteht] darin, daß getötet wird'. Ursprungsmythen lassen sich auf die Tötung eines mythischen Geschöpfes durch andere mythische Geschöpfe zurückführen. Am Anfang steht die getötete Gottheit; aus diesem Ursprung entwickeln sich Riten als ‚Mimesis' eines kollektiven Gründungsmordes (bessere statt schlimmere Gewalt), dann die Tragödie als Wiederaufnahme und Umsetzung von Riten und schließlich die kulturelle Ordnung mit ihren Heiratsregeln, Verboten und Allgemeinen Kulturformen (als System von Unterschieden). Am Anfang der Kultur steht also eine Kanalisierung der Gewalt, und zwar durch die Stellvertretung im Ritual-Opfer, von dem die (Ursprungs-)Mythen berichten.[24]

24 Christoph Jamme: *‚Gott an hat ein Gewand'. Grenzen und Perspektiven philosophischer Mythos-Theorien der Gegenwart.* Frankfurt am Main: Suhrkamp 1999, S. 162–163.

andcompany&Co.

Sounds like war: Kriegserklärung

Von und mit Alexander Karschnia, Nicola Nord, Sascha Sulimma, Vincent van der Valk&Co.
Text Alexander Karschnia&Co.
Musik Sascha Sulimma&Co.
Bühne Jan Brokof&Co.
Technische Leitung / Lichtdesign Marc Zeuske&Co.
Aufführungsfotos Andreas J. Etter
UA 19. Juni 2014, Festival Theaterformen, Braunschweig
Eine Produktion von andcompany&Co., Festival Theaterformen, Kaaitheater und LIFT Festival London, präsentiert vom Battersea Arts Centre im Auftrag von LIFT, Theaterformen: 14–18 NOW WWI Centenary Art Commissions: „After A War". Ein House on Fire-Projekt, mit Unterstützung des Kulturprogramms der Europäischen Union und des National Lottery Fund durch den Heritage Lottery Fund sowie des Arts Council England. Weiter Aufführungen in Berlin, Mülheim an der Ruhr, Dänemark (Allerød), Polen (Bydgoszcz, Lublin) und der Schweiz (Zürich).

SOUNDS LIKE WAR: KRIEGSERKLÄRUNG

andcompany&Co.

Sascha, Alex und Vincent mit silbernen Helmen und steifen Glitzerfähnchen an einem weiß gedeckten Konferenztisch. Hinter ihnen eine an ein futuristisches „Intonarumori" erinnernde low-tech Kriegsmaschine (mit eingebauter Nebelmaschine), die sich beständig um Fundstücke aus den verschiedenen Gastspielorten erweitert und der sog. „Soldadadat", ein kreisrunder Soldatenkopf aus Holz mit beweglichem Schnurrbart und aktivierbaren Glühbirnen-Augen. Auf dem Tisch 2 Schalter: Schalter 1 triggert das Duracel-Sample aus dem „Duracel Tape" von Klaus vom Bruch, Schalter 2 einen Karnevals-Tusch. An Vincents Platz steht ein Keyboard. Neben dem Tisch eine weiße Fahne, auf die „2014" *projiziert wird. Davor steht in altdeutscher Serifenschrift:* ©ULTURE CLUB. *Während der Performance werden Dada-Hüte und wild beklebte Strumpfmasken auf- und wieder abgesetzt. Weitere Requisiten:* 2 KULTUR-*Keulen, 1 Kasperlepuppe, 1 Spielzeugpistole.*

Musik: „For what's it worth" Remix

Vincent:
Hello everybody, welcome to this ENORMOUS ROOM where everything has a place and there is a place for everything and anything can happen. What's that sound? That's our futuristic war machine designed by www.janbrokof.de – we call it Fritzbox. And over there, that's the Soldadadat, we call him Fritz. We also brought you the whip
Alex drückt Schalter 1: Duracel Sample
and the club.
Sascha drückt Schalter 2: Karnevals-Tusch
We are andcompany&Co., well, next to me sits andcompany, Sascha and Alex from Berlin and I am the &Co., Vincent from Amsterdam. I am very happy to join forces with andcompany again, when they asked me if I wanted to work with them again, I immediately said yes without asking about the subject. I was, however, a bit surprised when I heard that we would work in the context of the centenary of World War One – you know how it is when dealing with Germans: „don't mention the war" – not only are we going to

mention the war, it's the whole subject of our performance! Well, then again, I am from the Netherlands and at least in that war we were neutral – German deserters (and not only them) fled to the Netherlands and at the end of the war even the Kaiser. There was no military campaign against the Netherlands during the war – but there was one after the war: the great Dada campaign, the so called DADA FELDZUG. Dada took Holland by storm, Dada won as Dada had always declared it: *Dada siegt!* Well, this performance is a lecture is a concert: KRIEGSERKLÄRUNG: Wir werden Ihnen heute den Krieg erklären – we will declare / explain war to you. The German language allows us to do both at the same time. And that is not a coincidence, there is an intimate relationship between the concept of war and German philosophy. Let's talk deutsch now: ES GIBT KRIEG! That's a typical metaphysical expression. Very profound, yet at the same time very profane – like ES GIBT WURST! Oder ES GIBT HIER NICHTS MEHR ZU TRINKEN, KAMERADEN! I must say I am often confused by this language: how do they mean it: philosophically or practically? And I wonder if that's a strategy. For example this statement: ES GIBT KRIEG – is it a discovery, a conclusion or a declaration? That is a philosophical as well as a practical question: *How to do things with words?* For this behalf I have chosen a new word, I propose to call it a performative sentence or a performative utterance or for short: a performative. It indicates that the issuing of the utterance – das Äußern einer Äußerung – *is* the performing of an action – das Vollziehen einer Handlung – like 'declaring war' on:

Musik: „Power of Love" – Chords

Sascha:
Der Welt den Krieg erklären
Den Pazifisten den Krieg erklären
Den Militaristen den Krieg erklären
Dem Krieg den Krieg erklären
Den Terroristen den Krieg erklären
Den Modernisten, Abendländern, Weißen den Krieg erklären
Den eigenen Kindern den Krieg erklären
Dem alten Europa den Krieg erklären
Dem neuen Nahen Osten den Krieg erklären
Der ganzen westlichen Welt den Krieg erklären
Der Religion den Krieg erklären

Der Regierung den Krieg erklären
Der Armut den Krieg erklären
Den Drogen den Krieg erklären
Den Toten den Krieg erklären
Dem Analphabetismus den Krieg erklären
Unserem Lebensstil den Krieg erklären
Der Zeit den Krieg erklären
Der Natur den Krieg erklären
Der Kultur den Krieg erklären
Dem Spiel den Krieg erklären
Dem Leben den Krieg erklären
Dem Tod den Krieg erklären
DEATH TO THE TWENTIETH CENTURY!

Musik stop

Alex:
Stirb schneller, 20. Jahrhundert! Doch das 20. Jahrhundert stirbt langsam – auch jetzt liegt es noch im Sterben. Es kann Jahre, Jahrzehnte, ganze Jahrhunderte dauern, bis ein Jahrhundert getötet ist. Es ist sehr schwer, so ein Jahrhundert zu töten, fast unmöglich, wie in dem alten Witz über Schwiegermütter, und Jahrhunderte werden so, sie werden lästig wie Schwiegermütter, meinte Gertrude Stein in *Kriege, die ich gesehen habe.*

Musik: „Brechtbeatz"

Dem 19. Jahrhundert konnte schließlich auch erst der Erste Weltkrieg den Garaus machen. Genauer: das Jahr 1917, die Oktoberrevolution in Russland und der Kriegseintritt der USA. Besonders Voreilige haben deswegen beim Untergang der Sowjetunion das Ende eines extrem kurzen 20. Jahrhunderts verkündet. Doch Totgesagte leben länger, wie uns dieses Jahr gezeigt hat:
100 Jahre nach dem Beginn des Ersten Weltkriegs, 75 Jahre nach dem Beginn des Zweiten und 25 Jahre nach dem Ende des dritten Weltkriegs (wenn wir den Kalten Krieg so nennen wollen) stellt sich die Frage: Was ist ein Jahrhundert? Wann hat es begonnen, wie wurde es beendet? Und lässt sich das überhaupt so genau sagen, lässt sich das sauber voneinander unterscheiden oder zeigt sich nicht viel mehr in der Unmöglichkeit, zwischen Beginnen und Beenden unterscheiden zu können, *das* Merkmal des 20. Jahrhunderts? Und

lässt sich nicht genau dasselbe über den Krieg sagen – den Krieg dieses Jahrhunderts? Beginnen wir also mit dem Anfang vom Ende, dem Moment, als in Europa die Lichter ausgehen, dem Sprung ins Dunkle, dem Absturz der Schlafwandler, dem Beginn des Ersten Weltkrieges, mit dessen Beginn so vieles begann, was zu beginnen wohl kaum schon aufgehört hat: So jedenfalls beginnt einer der bedeutendsten Romane dieses Jahrhunderts, Thomas Manns *Zauberberg*. Was jedoch mit Sicherheit aufgehört hat, ist die Angewohnheit, einen Krieg zu beginnen durch eine formelle Kriegserklärung. Zum letzten Mal beginnt am 28. Juli 1914 ein Krieg durch eine Kriegserklärung. Seitdem werden Kriege nicht mehr erklärt, sondern fortgesetzt.

Fritz:
„Ich möcht sagen, den Frieden gibts im Krieg auch, er hat seine friedlichen Stelln."

Vincent:
Die Deutschen sagen, dass Krieg natürlich sei. Frieden sei nur Waffenstillstand. Die natürliche Sache sei Krieg. Nun das ist ganz natürlich, weil es selbstverständlich so ist, aber wenn man zu viel davon gehabt hat, ist es genauso langweilig wie Frieden, das heißt, wenn man zu viel davon gehabt hat. Nur dann. Aber dann schon, dann kann auch Krieg sehr langweilig werden. Du schaust ins Fernsehen: Was ist los? Schon wieder dieser Krieg. Usw.

Musik stop

Alex:
There are people who make a difference between war and culture, KULTUR and KRIEG – we don't. That's – in short – the essence of the 'declaration to the cultured world' (AN DIE KULTURWELT) signed in 1914 by 93 highly cultivated German people (Prussian professors) and later by hundreds and thousands of ordinary German citizens. It was a kind of cultural *Kriegserklärung* in both meanings of the word. They refused to make a difference between German *Geist* and German militarism. For them it was the same: Dichter und Denker, soldiers and generals. They did however make a huge difference between their concept of KULTUR

Jedes Mal, wenn das Wort KULTUR *fällt, triggert Sascha Schalter 2: Karnevals Tusch*

and the Western concept of civilization. And you know how it is: Sometimes a war is lost militarily, but won – much later – ideologically. So every time someone fights for the right for an own culture (not necessarily their own, maybe also of others) against the concept of a universal civilization, these 93 German professors win the war. Take Samuel Huntington for example: His book *Clash of civilizations* was translated into German as *Kampf der Kulturen*. But already this plural: civilizations instead of one universal civilization, means victory for these 93 German professors. Today, everything is KULTUR: Politics is KULTUR (not just KULTURPOLITIK), class struggle is KULTUR (alle bisherige Geschichte ist eine Geschichte des Kampfes der Kulturen), surfing in the internet is KULTUR, mass-surveillance is also KULTUR, eating out in a restaurant is KULTUR, Wurst BBQ in the park is KULTUR, hitting your wife is KULTUR (maybe not yours), polygamy is also KULTUR, listening to a lecture concert is definitely KULTUR, declaring war is KULTUR, doing things with words is KULTUR, having this or that opinion is KULTUR – and that's why I will now destroy this table DAMIT IHR MAL GANZ GENAU BESCHEID WISST!

Schlägt mit einer KULTUR-*Keule erfolglos auf den Tisch ein*
Vincent mit KULTUR-*Keule vor dem Publikum*
Musik: Frankie Goes To Hollywood: „Two Tribes" – Orchestral Intro

Sascha:
Es geht gleich los! (Warnung)
Es geht gleich los? (Frage)
Es geht gleich los? (Protest)
Los geht's!

Musik: FGTH: „The Power of Love" – Instrumental

Vincent:
Aber es gibt doch auch Liebe. I know there is this line here separating us, the viewers from the doers, but I want to declare my love to you! I want to ask you to make love your goal! Taten sprechen lauter als Worte, sagen die einen, Worte sind Taten, sage ich. Das ist die Power of Performance: Nicht: Ich tue, was ich sage, sondern: Ich tue, indem ich sage:

Indem ich A gesagt habe, habe ich ge-B-t.
Insofern, als ich A gesagt habe, habe ich ge-B-t.
Dadurch, dass ich A gesagt habe, habe ich ge-B-t.
Damit, dass ich A gesagt habe, habe ich ge-B-t.
Du hast A gesagt, in dieser Form hast Du ge-B-t.
Du hast A gesagt, in dieser Weise hast Du ge-B-t.
Du hast A gesagt, auf diese Weise hast Du ge-B-t.
Du hast A gesagt, mit diesem Mittel hast Du ge-B-t.

That's the power of performance
the power of performance
is the power of peace
and the power of peace
is the power of the police

Musik: FGTH: „The Power of Love" – Remix
Der Soldadadat singt. Seine Glühbirnen-Augen leuchten synchron zum Gesangsplayback
Nebel, Discolicht

Ayayayay
Feels like fire
I'm so in love with you
Dreams are like angels
They keep bad at bay – bad at bay
Love is the light

Scaring darkness away-yeah

I'm so in love with you
Purge the soul
Make love your goal

The power of love
A force from above
Cleaning my soul
Flame on burn desire
Love with tongues of fire
Purge the soul
Make love your goal

Sascha:

ICH

befehle
bestimme
weise an
beauftrage
untersage
verbiete
erlasse (Gesetz usw.)
erlasse (Steuern usw.)
erkläre (den Krieg usw.)
(für eröffnet usw.)
rufe aus (den Waffenstillstand usw.)
(jmd. zu etwas)
nominiere
gebe Namen
verordne
verfüge
übertrage
vertraue an
verurteile (zu etw.)
belege (mit Buße usw.)
ächte
verzeihe
begnadige
setze aus (Vollstreckung usw.)
stelle ein (Verfahren usw.)

erlaube
bewillige
gewähre
schenke
wähle (zu etw.)
bestimme (für/zu etw.)
ernenne
setze ein (in ein Amt usw.)
setze ab
entlasse
gebe auf (Besitz usw.)
trete zurück
schlage vor
rate (zu etw.)
befürworte
verurteile (etw.)
erkenne an
stimme (für/gegen etw.)
vertrete (eine Sache)
plädiere
bestehe darauf, dass
erhebe Einspruch
lege Veto ein
entscheide mich
beschließe
bitte
dringe (in jmd.)
flehe an
bestürme
fordere
bete (um etw.)
stelle Antrag
beanspruche
beschlagnahme
bestelle
verzichte
erkläre den Krieg
für beendet
usw.

Musik stop

Alex:

Stell Dir vor: Es gibt Krieg – aber niemand hat ihn erklärt. Dazu Georgi Dimitroff in: *Faschismus ist Krieg*, 18. Juli 1937. ZITAT-ANFANG: Wir dürfen uns nicht täuschen lassen, man muss nicht die formelle Kriegserklärung abwarten, um zu sehen, dass bereits Krieg ist. Schon […] im März 1936 sagte Genosse Stalin: ZITAT „Der Krieg kann unerwartet ausbrechen. Heute pflegt man Kriege nicht zu erklären. Man beginnt sie einfach." ZITATENDE. ZITAT-ENDE. Kampfhandlungen werden ohne Kriegserklärung begonnen (in Belgien, Polen oder der Sowjetunion einmarschieren oder Pearl Harbor bombardieren), wenn Krieg erklärt wird (z. B. nach dem Einmarsch in Belgien, Polen oder der Bombardierung von Pearl Harbor), folgt darauf zunächst keine Kampfhandlung. Fazit: Die sog. ‚neuen Kriege' des 21. Jahrhunderts sind die alten Kriege des 20.: Angriff ist Verteidigung, den Krieg führt die Polizei:

Musik: „Brechtbeatz" – Strings

Police and thieves in the street, oh yeah. The police the police the police and the thieves oh yeah. Incomprehensible, incomprehensible. Police, police, police. The police is always waiting backstage. Because they want to know from you what you do with words.

Musik stop

Vincent:
Well, we all talk nonsense, some of the time. But there are people who talk nonsense all of the time – actors, for example. They use language not in a serious way – their utterance is *in a very peculiar way* void or hollow. Right? Wrong! When I am acting, I *am* actually doing something (with words). I *am* pretending, but the question is, in which way. Performative utterances are not only true or false, but rather happy or unhappy. For example if I declare my love to you, the question is: Is it just an unhappy trick or is it a happy fiction? (Sounds a lot like love to me.) If the police will stop me, I will say that I am pretending (in the second sense) to be pretending (in the first sense): Ich tue nur so, als ob ich nur so tue … If we don't want the police to be almighty, that's the game we have to play – even if that means to play the game all by ourselves. Spielen heißt weiterspielen! Doch wer den Krieg erklärt, bestimmt noch lange nicht die Regeln. Krieg ist Krieg, not just a manoeuver or a rehearsal. It is – a performance. There is performance art in the art of war. Da ist Krieg in der Performanz-Kunst, ja? Ich weiß, dass man das nicht so sagt auf Deutsch: Aber warum eigentlich nicht? Auf Englisch sagt man es ja auch so: „Da ist Krieg …" Warum nicht auch auf Deutsch? Da gibt es doch dieses tolle philosophische Wort: das Da-Sein. Ich bin da, nicht: „dort", sondern hier. Nicht „hier", sondern: HIER! Like in the Kasperletheater: Seid ihr alle DA? So, genau SO stelle ich mir auch den Krieg vor: Seid ihr alle da? JA? *Dadadadada …*

Musik: The Clash: „London Calling" Remix – Intro

An essential part of the performance is the climax ("yeeees")
But first the anti-climax ("yes")

Do what you are told: the whip!
Alex triggert Schalter 1: Duracel
The fall, and the rise, and the whip!
The club!
Sascha triggert Schalter 2: Karnevals-Tusch
And the whip!
Schalter 1

Alex:
„Sprechen wir deutsch", sagt Heiner Müller: „Krieg ist Kontakt, Krieg ist Dialog, Krieg ist Freizeit." Die Fortsetzung der Freizeit mit andern Mitteln: WAR-POP.

Video: Piktogramme von Waffen und elektronischen Geräten in schneller Abfolge

Musik: The Clash: „London Calling" Remix:

Now war is declared
Now war is declared
Now war is declared
Now war is declared

and battle come down
and battle come down
and battle come down
come down, come down

Musik stop

Alle setzen sich Dada-Hüte auf

Alex:
Der Erste Weltkrieg endet am 11.11.1918: Um 5h morgens wird der Waffenstillstand unterzeichnet. 6 Stunden (2.738 Tote und 8.000 Verwundete) später, um 11h, tritt er in Kraft. So endet der Krieg, der alle Kriege beenden sollte, an einem echten Dada-Datum: dem ‚Elften im Elften' um 11h, dem traditionellen Beginn der 5. Jahreszeit, dem Karneval: die Zeit der Narren – eine „verkehrte Welt", in der alles, was oben war, nach unten muss und alles, was unten war, nach oben kommt: The rise and the fall and the club.

Vincent spielt Keyboard

Sofort erklären die Narren dem Frieden den Krieg.
„Krieg um jeden Preis!" lautete die Parole in Friedenszeiten,
„Frieden um jeden Preis!" in Kriegszeiten!

Am konsequentesten sind diese Parolen in Russland umgesetzt worden, nachdem Lenin von der deutschen Armee in einem plombierten Bahnwaggon ins Land geschmuggelt wurde. Unverzüglich beendet Lenin den Krieg, kurz danach bricht der Bürgerkrieg aus. Das ist kein Zufall: In Zürich hatte Lenin in unmittelbarer Nachbarschaft zum legendären Cabaret Voltaire gelebt. Bei den russischen Folkloreabenden tauchte dort immer ein kahlköpfiger bärtiger Mann auf, der ein bisschen aussah wie ein Clown, auf und ab sprang und begeistert die Balalaikaband anfeuerte: DA! DA! Zu deutsch: JA! JA! Sieht man sich die Politik der Sowjetunion in den ersten Jahren an, kann es keinen Zweifel geben: Lenin war ein lupenreiner Dadaist! Er hat Clausewitz vom Kopf auf die Füße gestellt: Politik ist die Fortsetzung des Krieges mit anderen Mitteln. Was wäre die Praktik oder das Projekt der Revolution ohne den Willen, einen wirklichen Krieg ans Tageslicht zu zerren – ohne den Willen, diesen Krieg wiederzubeleben – ohne die Absicht einer endgültigen Umkehrung des Kräfteverhältnisses? Was oben war, muss nach unten, und was unten war, nach oben. The rise and the fall and the club.

Es folgt eine Reihe Karnevals-Tuschs.

Fragen wir noch einmal: Was ist das Jahrhundert? Geben wir jetzt die Antwort: Das letzte Gefecht!

Alle erheben sich und klatschen zum Takt:

Wacht auf … zum letzten Gefecht!

Alex hält eine freie Rede:
Ihr Lieben, ihr müsst ja gar nicht mehr aufwachen, ihr seid ja schon aufgewacht, sonst wärt ihr gar nicht erst hierhergekommen zu dieser Friedensmanifestation!
Nimmt die Maske herunter und klettert über den Tisch
Ich möchte nicht länger von einer Bühne herab zu Leuten sprechen: Meine Zielgruppe ist der Mensch. Wir müssen uns als Menschen verstehen – dann verstehen wir uns! So macht man Frieden, Frieden fängt hier an – zwischen uns. Wir sollten nicht immer mit den Fingern auf unsren Nachbarn zeigen, was der alles falsch macht: dieser Diktator Putin oder Erdoğan oder dieser Grenzwächter Orban oder der Spion Obama – nein, wenn wir immer nur mit den Fingern auf andre zeigen, dann zeigen 1, 2, 3, 4 Finger auf uns zurück. Wir müssen lernen, zu uns selber gut zu sein. Wir müssen lernen, besser zu uns selbst gut zu sein. Ich halte diese Rede auch nicht für Euch, sondern für mich. Aber es ist schön, wenn ihr etwas davon habt! Wir kennen das von den spontanen Selbstheilungskräften des Körpers. Wenn ich morgens aufwache und sage: „Ich bin heute um 6h aufgestanden, um mit dem Zug hierher zu kommen und muss ohne eine ordentliche Probe hier den Abend reißen“ – dann wird das mühsam. Wenn ich aber sage: „Hey, ich bin heute Morgen so

früh aufgestanden, um hier richtig auf den Putz zu hauen", dann ist das eine ganz andre Nummer! Ich nenne das eine auratische OP. Die meisten von uns sind ja relativ gesund. Es gibt nur so 1 %, die etwas verspult sind – ich nenne sie gesellschaftliche Krebszellen. Aber was machen wir gegen diese gesellschaftlichen Krebszellen? Wir können uns noch schneller verbreiten als sie. Und wie machen wir das? Durch Kommunikation. Wir haben ja alle diese Antennen. Wir müssen sie einfach nur ausfahren und auf Sendung gehen. Das ist wie free wlan – und plötzlich haben wir überall Zugang: Hier ist jemand auf Sendung in Berlin, dort in Moskau, dahinten in Wladiwostok … Ich möchte auch zurück zur Natur! Ich weiß ja nicht, ob ihr manchmal wandern geht, aber ich kann nur dazu raten. Ich war letztes Wochenende im Wald und ich kann Euch sagen: Da herrscht kein Krieg! Da ist Frieden. Da kämpft kein Baum gegen den andren. Da ist natürlich auch keine Demokratie. Wenn die Zugvögel alles diskutieren würden, sie kämen nie bis nach Afrika – maximal bis Sylt! Und wenn ihr Euch spätestens jetzt fragt: „Was redet der Typ da für ein Scheiß?" – dann habt ihr vollkommen recht! Das ist Scheiße! So spricht die deutsche Friedensbewegung! Jeden Montag werden solche Reden geschwungen! Die weißen Tauben waren müde, sie flogen lange schon nicht mehr … Nur die Falken, die wurden immer mehr! Aber heute, heute ist es noch schlimmer: Heute geben sich die Falken als Tauben! Bei so einer Friedensbewegung braucht's keine Mobilisierung mehr für den nächsten Krieg. Das ist sie, die Mobilisierung. Immer steht irgendwo ein Mann mit einer Waffe in der Hand und ruft: Achtung …!

Vincent schießt auf Sascha, Alex bricht zusammen

Musik: „What's it worth" Remix

Vincent singt:
There's something happening here
But what it is ain't exactly clear
There's a man with a gun over there
Telling me I got to beware

Everybody say: Hey, what's that sound?
Everybody look – what's going down?

Musik stop
Soldadadat / Fritz Glühbirnen leuchten: Er jandelt:

schtzngrmm
schtzngrmm
t-t-t-t
t-t-t-t
grrrmmmmm
t-t-t-t
s---------c---------h
tzngrmm
tzngrmm
tzngrmm
grrrmmmmm
schtz
schtzn
t-t-t-t
t-t-t-t
schtzngrmm
schtzngrmm
tsssssssssssss
grrt
grrrrrt
grrrrrrrrt
scht
scht
t-t-t-t-t-t-t-t-t-t
scht
tzngrmm
tzngrmm
t-t-t-t-t-t-t-t-t-t
scht
scht
scht
scht
scht
grrrrrrrrrrrrrrrrrrrrrrrrr
t-tt !

Vincent:
That sounded like war, but it was poetry: sound-poetry. Sound and fury, signifying: nothing. And with nothing we will stop the war: STOP!

Musik: „Brechtbeatz“

Alex:
„Das große Spiel beginnt!“ lautete die SMS der Attentäter vom 11. September. Wer spielt den Spielverderber im Krieg der Pazifisten gegen den Faschismus der Meute. *Si vis pacem* … Willst Du Frieden, variierte Bruno Latour ein lateinisches Sprichwort, so erkläre den Krieg, so erkenne den Krieg, lies den Krieg unter dem Frieden heraus, der Krieg ist Chiffre eben des Friedens, auch in dem geringsten seiner Räderwerke wird der Frieden vom Krieg getrieben, Krieg ist der Motor der Institutionen und der Ordnung. Nur

wer den Krieg erklärt hat, kann Friedensverhandlungen aufnehmen. Höchste Zeit: Nicht ein Jahrhundert, sondern mehrere, ein halbes Jahrtausend lang haben die Modernisten, die Abendländer, die Weißen (welchen Spitznamen man auch immer ihnen geben will) den ganzen Planeten mit Krieg überzogen, ohne ihn je zu erklären. Das holen wir nun nach und erklären: Es gibt Krieg in der Welt, einen *Krieg der Welten.*

Vincent:
Genau das konnten sich die Modernisten, die Abendländer, die Weißen usw. nicht vorstellen: Es mag Kriege geben, aber nur *eine* Welt, die Platz hat für jeden und in der jeder seinen Platz hat – an ENORMOUS ROOM – where there is a place for every culture and every culture has its place. What if the reason for the world wide wars is the attempt to solve all conflicts in the name of this one world. What we are witnessing is not a clash of civilizations, kein Kampf der Kulturen, but a war of the worlds.

Alex:
Das ist aber auch eine Chance, laut Latour: ZITAT „Die Modernisten, die Abendländer, die Weißen usw. werden sich verhalten müssen, als träten sie noch einmal *zum ersten Mal mit den Anderen in Kontakt*, als hätte ihnen die Geschichte unglaublicherweise eine zweite Chance gegeben und sie wären zurück im 17., 18., 19. oder 20. Jahrhundert, doch diesmal, im 21. Jahrhundert, wäre es ihnen erlaubt, sich richtig vorzustellen."

Vincent:
Allow me to introduce myself: Ich bin Dein Feind. Ich kam sah und nannte Dich Freitag. Krieg der Namen, *name of the game.* Lasst uns Feinde sein und die, die uns helfen wollen, bekriegen: als Pazifisten getarnte Polizisten. Krieg dem Krieg, bis zum Sieg. Friede den Hütten, bombardiert das Hauptquartier. – *Es ist Nacht!*

Sascha:
Der Krieg der kommen wird
Ist nicht der erste
Vor ihm waren andere Kriege

Als der letzte vorüber war
Gab es Sieger und Besiegte

Bei den Besiegten das niedere Volk hungerte
Bei den Siegern hungerte das niedere Volk auch.

Es ist Nacht
Die Wälder wachsen noch,
Die Äcker tragen noch,
Die Städte stehen noch
Die Menschen atmen noch
Es ist Nacht!

Wenn der Trommler seinen Krieg beginnt
Werden Eure Brüder sich vielleicht verändern
Dass ihre Gesichter nicht mehr kenntlich sind
Aber ihr sollt gleich bleiben
Sie werden in den Krieg gehen nicht wie zu einer
Schlächterei, sondern zu einem ernsten Werk.
Alles werden Sie vergessen haben,
Aber ihr sollt nichts vergessen haben.

Wenn der Trommler seinen Krieg beginnt,
Sollt ihr Euren Krieg fortführen.
Er wird vor sich Feinde sehen, aber wenn er
Sich umblickt, soll er auch hinter sich
Feinde sehen. Wenn er
Seinen Krieg beginnt, soll er um sich
Lauter Feinde sehen.

Lauter Feinde sehen.[1]

1 Montiert aus Bertolt Brecht: *Deutsche Kriegsfibel* (*Svendborger Gedichte*).

19

Den Krieg abbrechen / Den Krieg erklären

andcompany&Co.'s Politik der Assoziation und der Erste Weltkrieg

Michael Wehren

Auf den ersten Blick erscheint Bertolt Brechts *Fatzer*-Fragment vor allem durch die Desertion aus dem Regime des Krieges und seiner Logik bestimmt. Fatzer:

> Ich mache
> Keinen Krieg mehr, sondern ich gehe
> Jetzt heim gradewegs, ich scheiße
> Auf die Ordnung der Welt. Ich bin
> Verloren.[1]

Da die anderen drei Soldaten es ihm dabei gleichtun, lautet die Folge bereits bei Brecht: „Fatzer, Keuner, Büsching und Leeb brechen den Krieg ab"[2]. Und doch geht der Krieg weiter, er lauert im Hinterland ebenso wie in den Räumen, in welche sich die Gruppe zurückzieht. Oder um es mit Fatzer zu sagen:

> Dabei will ich
> Mich umsehn, wie's meinem Freund
> Dem Krieg, geht.[3]

Wenn der „Jahrhunderttext"[4] *Fatzer* auch nur ein bisschen mit dem Jahrhundert zu tun hat, in welchem er geschrieben wurde, dann müsste er an dem teilhaben oder davon affiziert sein, was Alain Badiou als das „Paradigma des definitiven Kriegs"[5], also des letzten Gefechts, bezeichnet hat: Die „Passion des Jahrhunderts [ist] […]

1 Bertolt Brecht: Fatzer. In: Ders.: *Werke. Große kommentierte Berliner und Frankfurter Ausgabe*, Bd. 10.1. Berlin / Frankfurt am Main: Aufbau / Suhrkamp1997, S. 387–529, hier S. 394.

2 Ebd., S. 470.

3 Ebd., S. 500.

4 Heiner Müller: *Krieg ohne Schlacht. Leben in zwei Diktaturen.* Köln: Kiepenheuer & Witsch 1992, S. 309.

5 Alain Badiou: *Das Jahrhundert.* Zürich / Berlin: Diaphanes 2006, S. 53. Bzgl. des Motivs von Jahrhundert und „Jahrhunderttext" vgl. Eva Heubach / Frank Ruda: Die Notwendigkeit des unmöglichen Ganzen. Brechts „Jahrhunderttext" *Fatzer.* In: Matthias Naumann / Michael Wehren (Hrsg.): *Räume, Orte, Kollektive. Mülheimer Fatzerbücher 2.* Berlin: Neofelis 2013, S. 18–32.

nichts anderes als der Krieg."[6] Und tatsächlich ist Bertolt Brechts *Fatzer* nicht nur ein Stück über die Flucht aus dem Krieg oder vielleicht über den Krieg und seine Folgen. Vielmehr es ist ein Kriegsstück, ein Stück Krieg, ein Krieg der Stücke mit- und gegeneinander. Dies gilt für die Handlung, die während des Ersten Weltkriegs spielt und in der Mondlandschaft seiner Schlachtfelder beginnt, und es gilt auch für die gruppeninternen Kämpfe der Deserteure miteinander, ihren eigenen Kriegszustand. Doch es gilt auch für das Fragment *Fatzer*, das sich mit sich selbst im Konflikt befindet und laut Brecht zerschmissen werden müsste.[7] *Fatzer* ist zerrissen, ver- und zerteilt, gespalten, ein Stück im Krieg oder Bürgerkrieg mit sich selbst. Seine Politik der Wiederholung und Variation verwandelt den Text in ein Labor, aber auch ein Konfliktfeld des Kollektiven, des Politischen und des Theatralen, in dem die unterschiedlichen Fassungen und Entwürfe zueinander in Differenz treten, sich widersprechen, doubeln, attackieren und tradierte Formen, beispielsweise des Verhältnisses von Kollektiv und Einzelnem, sprengen.[8] Damit macht sich die Arbeit, das Schreiben an *Fatzer* mit Theodor W. Adorno formuliert „zum Schauplatz der Konflikte"[9] und wird „Austrag der Antagonismen"[10]. Es stellt diese nicht still, sondern zeigt sich vielmehr als „Bewegtes"[11], d.h. als ein Schauplatz von Konflikten, der in diesen selbst zur Disposition steht. Dementsprechend hat Heiner Müller mit Bezug auf *Fatzer* mit Recht davon gesprochen, dass es sich hierbei um eine „Materialschlacht Brecht gegen Brecht (=Nietzsche gegen Marx, Marx gegen Nietzsche)"[12] handle.

Fatzer ist also ein Kriegsstück und ein Stückekrieg, der dem Krieg selbst den Krieg erklärt und die unterschiedlichen Formen des

6 Badiou: *Das Jahrhundert*, S. 52.

7 Vgl. Herausgeberkommentar zu *Fatzer* in Bertolt Brecht: *Werke. Große kommentierte Berliner und Frankfurter Ausgabe*, Bd. 10.2. Berlin / Frankfurt am Main: Aufbau / Suhrkamp 1993, S. 1114–1150, hier S. 1120.

8 Vgl. hierzu Michael Wehren: „Das ganze Stück, da ja unmöglich, einfach zerschmeissen". Notizen zum *Fatzer*-Fragment des Spinnwerks Leipzig. In: Ders. / Alexander Karschnia (Hrsg.): *Kommando Johann Fatzer. Mülheimer Fatzerbücher 1*. Berlin: Neofelis 2012, S. 192–203; ders.: Ein Laboratorium des Kollektiven und des Politischen. Skizzen zu Fatzer. In: Ders. / Naumann (Hrsg.): *Räume, Orte, Kollektive*, S. 46–69.

9 Theodor W. Adorno: *Ästhetische Theorie*. Frankfurt am Main: Suhrkamp 1973, S. 163.

10 Ebd., S. 262.

11 Ebd., S. 266.

12 Heiner Müller: Fatzer ± Keuner. In: Ders.: *Werke 8*: Schriften. Frankfurt am Main: Suhrkamp 2005, S. 230.

Krieges gegeneinander Krieg führen lässt. Dementsprechend geben die Chöre in *Fatzer* im Sinne Badious auch Anweisungen zur finalen Kriegserklärung gegen den Krieg:

> Wendet euch um und
> Verwandelt den Krieg der Völker
> Den Krieg der Klassen und
> Den Weltkrieg in den
> Bürgerkrieg, also bleibet beisammen und tragt
> Den Krieg in euer eigenes Land, denn vor
> Ihr euer Bürgertum nicht vertilgt habt, werden
> Kriege nicht aufhören[13]

Die anvisierte Verwandlung der einen Art von Krieg (des „Krieg[s] der Völker") in eine andere (den „Krieg der Klassen"), durch welche der Weltkrieg selbst bekämpft werden soll, meint hier eine Verwandlung des Kriegs in einen „Bürgerkrieg", an dessen Ende es kein „Bürgertum" und damit keine Kriege mehr geben soll.

Bereits im Jahr 2010, also vier Jahre vor dem Weltkriegs-Jubiläum 2014, haben andcompany&Co. mit der Inszenierung *FatzerBraz* den Ersten Weltkrieg abgebrochen und Brechts *Fatzer*-Fragment im Rahmen einer deutsch-brasilianischen Koproduktion brasilianisiert und sich an die Vertilgung des „planetarischen Kleinbürgertums"[14] gemacht. Inspiriert von Oswald de Andrades 1928 erschienenem *Manifesto Antropófago*, dem brasilianischen Tropikalismus und Paolo Virnos Theorie des Exodus als politischer Handlung verfremdeten sie das Brecht-Theater zu einem ‚Menschenfresser'-Theater und unterzogen es einer „anthropophagischen Kur".[15] Pünktlich zum 100-jährigen Jubiläum des Ersten Weltkriegs folgt 2014 auf den Abbruch des Krieges in *FatzerBraz* eine Kriegserklärung durch andcompany&Co. In Form eines *lecture-concert* (de)montiert und (re)assoziiert *Sounds like war: Kriegserklärung* Avantgarde, Performancekunst, Frieden und Krieg, Vergangenheit und Gegenwart zu einer dichten Textur, die ebenso poppig wie agitativ, ebenso karnevalistisch wie politisch wirkt.

Dabei stehen trotz futuristischer Intonarumori und Sirene auf der Bühne weniger die historischen Klanglandschaften oder Sounds

13 Brecht: Fatzer, S. 478.

14 Giorgio Agamben: *Die kommende Gemeinschaft*. Berlin: Merve 2003, S. 59.

15 Eine Dokumentation des Projekts findet sich in Karschnia / Wehren (Hrsg.): *Kommando Johann Fatzer*, S. 63–140. Vgl. auch Michael Wehren: Cannibal Tropicalypse. Anthropophagische Strategien in *FatzerBraz* von andcompany&Co. In: *testcard. Beiträge zur Popgeschichte* 22 (2012), S. 143–149.

des Krieges, wie sie die Schlachtfelder des Ersten Weltkriegs hervorbrachten und die Fatzer sowie seine Kameraden beinahe taub machen, im Zentrum.[16] Vielmehr klingt bei andcompany&Co. durch alles der Krieg hindurch – im Sinne von *X sounds like war* oder *there is something that sounds like war in X*. So wie der Anthropophagismus als „[m]askierter Ausdruck aller Individualismen, aller Kollektivismen. Aller Religionen. Aller Friedensverträge"[17] erscheint, so erscheinen in *Sounds like war* der Frieden und seine Spielweisen unter den Vorzeichen des Krieges: „Anders gesagt: man muss unter dem Frieden den Krieg herauslesen. Der Krieg ist die Chiffre eben des Friedens."[18] Und dies machen andcompany&Co. dann auch. Dabei kommt das „und", welches bereits den Namen der Gruppe im Spiel von Differenz und Wiederholung mit „and" sowie „&" doppelt markiert, als ästhetische Praxis und Bearbeitungsmodus zur Geltung.

Nach Gilles Deleuze ist das „UND […] weder das eine noch das andere, es ist immer zwischen den beiden", die „Vielheit liegt gerade im UND".[19] Unter der Perspektive des Krieges montieren, kreuzen oder verschränken andcompany&Co. nun Zitate und Bruchstücke des Ersten Weltkriegs UND der russischen Revolution UND Dada UND Konkreter Poesie UND Performance Art UND 68er Revolte UND heutigen Friedens(m/w)ahnwachen UND Austin UND Brecht UND Michel Foucault UND Gertrude Stein UND Frankie Goes to Hollywood UND UND UND. Daraus entsteht kein Ganzes, sondern ein Referenz-Overkill, der die legitimistische Geste des Verweises durch ein Übermaß an Verweisen überlastet. An ihre Stelle tritt ein heterogenes Ensemble, welches sich gegenseitig ergänzt, angreift, konterkariert und übersetzt. Der ästhetische Modus dieser Bearbeitung kann als eine emphatische Politik der Assoziation begriffen werden: als Spiel mit der Wiederholung,

16 Vgl. Brecht: Fatzer, S. 451: „Wir hören schlecht, weil / So Lärm war". Zur Einführung in die Thematik Gerhard Paul: Trommelfeuer aufs Trommelfell. Der Erste Weltkrieg als akustischer Ausnahmezustand. In: Ders. / Ralph Schock (Hrsg.): *Der Sound des Jahrhunderts. Geräusche, Töne, Stimmen 1889 bis heute*. Bonn: bpb 2013, S. 80–86.

17 Oswald de Andrade: Anthropophagisches Manifest. In: Elke aus dem Moore / Giorgio Ronna (Hrsg.): *Entre Pindorama*. Nürnberg: Verlag für moderne Kunst 2005, S. 26–31, hier S. 26.

18 Michel Foucault: *Vom Licht des Krieges zur Geburt der Geschichte*. Berlin: Merve 1986, S. 12.

19 Gilles Deleuze: Drei Fragen zu „six fois deux" (Godard). In: Ders.: *Unterhandlungen 1972–1990*. Frankfurt am Main: Suhrkamp 1993, S. 57–69, hier S. 68.

das einerseits Zitate, Situationen und Haltungen in der Wiederholung fragmentarisiert, andererseits jedoch „Wirklichkeitsblöcke“, die ansonsten „gegeneinander bis zur Erfahrungslosigkeit abgeschottet“[20] sind, wieder oder zum ersten Mal miteinander in Kontakt bringt.

So wird aus der Kriegserklärung ein abgründiger performativer Vollzug, der in der Übersetzung durch andcompany&Co. zwischen „to declare war“ und „to explain war“ changiert und doch beides zugleich ist:

> Der Welt den Krieg erklären.
> Den Pazifisten den Krieg erklären.
> Den Militaristen den Krieg erklären.
> Dem Krieg den Krieg erklären.
> Den Terroristen den Krieg erklären.
> Den Moralisten, Abendländern, Weißen den Krieg erklären.
> Den eigenen Kindern den Krieg erklären.
> Dem alten Europa den Krieg erklären.
> Dem neuen Nahen Osten den Krieg erklären.
> Der ganzen westlichen Welt den Krieg erklären.

Jede Erklärung des Krieges, so aufklärerisch sie auch sein mag, bleibt hier unhintergehbar ambivalent, oszillierend zwischen „declaration“ und „explanation“. Zugleich versammelt die Aufzählung, Aufrufung und Anrufung der unterschiedlichen Akteure, Subjekte und Welten diese in all ihrer Heterogenität im (an E. E. Cummings gleichnamiges Buch erinnernden) „enormous room“ der Inszenierung, „where everything and everyone has a place and there is a place for everything and everyone and anything can happen“. Ambivalent oszilliert die evozierte Szene so zwischen einem differenzoffenen Assoziationsraum bzw. einem Raum der Assoziation des Differenten und einem Raum der Ordnung und Lokalisation bzw. Platzanweisung, d. h. einer polizeilichen Ordnung der Namen und Plätze.[21] Im Verhältnis zu diesem „enormous room“ erscheint die Bühne selbst eher als klein und minoritär. Jan Brokofs heterogene Assemblage liegt zwischen Kinderzimmer und profaner Bretterbude und wäre am ehesten als ein armes Theater zu beschreiben, dessen Ort ein einziges Provisorium darstellt. Es handelt sich nicht

20 Alexander Kluge / Oskar Negt: Maßverhältnisse des Politischen. Vorschläge zum Unterscheidungsvermögen. In: Dies.: *Der unterschätzte Mensch. Gemeinsame Philosophie in zwei Bänden*, Bd. I. Frankfurt am Main: Zweitausendeins 2001, S. 691–1005, hier S. 841.

21 Zu dieser Dimension der Polizei vgl. Jacques Rancière: *Das Unvernehmen*. Frankfurt am Main: Suhrkamp 2002, S. 40–43.

um den stabilen Schauplatz des Krieges, sondern um eine kurzfristige, prekäre Einrichtung, ein für kurze Zeit aufgestelltes Podium, das jederzeit einer neuen Fluchtlinie weichen könnte.

Was andcompany&Co.'s mobiles Kriegstheater so auf unterschiedlichen Ebenen in Szene setzt, ist eine *mondialisation* oder besser *mondanisation*[22], eine Weltwerdung des Krieges, in deren Verlauf sich der Weltkrieg in einen Krieg der Welten und verschiedene Welten des Krieges transformiert. In diesem Sinne lässt sich *Sounds like war: Kriegserklärung* im Anschluss an *Fatzer* auch als eine Erinnerung daran lesen, dass es hier nicht um einen „Clash of Civilizations" Marke Samuel Huntington geht und dass der

> gegenwärtige Zustand der Welt [...] kein Krieg der Zivilisationen [ist]. Sondern ein Bürgerkrieg, der Krieg im Inneren einer Bürgerschaft, einer Zivilität, einer Städteschaft [*citadinité*], die im Begriff sind, sich bis an die Grenzen der Welt auszudehnen und infolgedessen bis ans Äußerste ihrer eigenen Konzepte.[23]

Die Folgen dieses Bürgerkriegszustands sind „die kommunitaristischen Entladungen und Kriege aller Arten und aller ‚Welten' (die Alte, die Neue, die Dritte und Vierte, der Norden und der Süden, der Osten und der Westen)"[24]. Wenn sie nicht direkt Tod und Vertreibung organisieren, versprechen sie einen Frieden, der kaum verdient, so genannt zu werden. Oder mit andcompany&Co.: „And the power of peace is the power of the police." Und so führt der Zick-Zack-Kurs der Inszenierung in Sprüngen schließlich mitten hinein in die Gegenwart der Mahn- und Wahnwachen der heutigen Friedensbewegung 2.0. Deren Mischung aus Antiimperialismus, Querfront-Bestrebungen, Verschwörungstheorien, völkischem Post-Politik-Gerede und Antisemitismus findet in Form mehrerer Zitate aus einer Rede Ken Jebsens als launig-coole Ansprache an das Publikum ihren Weg in die Aufführung.[25] Alexander Karschnia gibt die Sprüche Jebsens, bevor er sie kontextualisiert und mit Abneigung kommentiert, geradezu showhaft-süffisant im Stil eines Entertainers zum Besten und spielt so mit dem Amüsement des Publikums sowie dessen möglicher Offenheit für den

22 Vgl. hierzu Jean-Luc Nancy: *Die Erschaffung der Welt oder Die Globalisierung*. Zürich / Berlin: Diaphanes 2003, S. 35.

23 Jean-Luc Nancy: *Die herausgeforderte Gemeinschaft*. Zürich / Berlin: Diaphanes 2007, S. 9.

24 Ebd., S. 17.

25 Auszüge aus der Rede finden sich hier: http://aluhut-fuer-ken.com/jebsens-rede.php (Zugriff am 14.05.2016).

eigentlich unerträglichen, populistisch-pointierten Stil der Empörung. Die Antwort auf diese Situation finden andcompany&Co. in der Karaoke-Version eines Buffalo Springfield-Songs: „I think it's time we stop, children, what's that sound / Everybody look what's going down."

Das arme, sich assoziierende, Geschichte und Gegenwart mixende und remixende Theater von andcompany&Co. ist vielleicht ein Ort, an dem diese „everybodies" schauen können, an dem „every body" schauen kann. Schauen können sie, die Körper, auf das, was untergeht, herunterkommt, explodiert: Die gegenwärtige Welt, sie selbst. Damit exponiert *Sounds like war* jene unhintergehbaren Friktionen und Spaltungen der Gemeinschaft, die Jean-Luc Nancy mit dem Begriff einer herausgeforderten Gemeinschaft zu beschreiben versucht hat:

> Wir befinden uns nicht in einem „Krieg der Zivilisationen", sondern in einer inneren Zerrissenheit der einzig(artig)en Zivilisation, welche die Welt im Zuge derselben Bewegung zivilisiert und barbarisiert. Denn sie hat schon an das Äußerste ihrer eigenen Logik gerührt: Sie hat die Welt sich gänzlich zurückgegeben, sie hat die menschliche Gemeinschaft gänzlich sich selbst und ihrem Geheimnis ohne Gott und ohne Warenwert zurückgegeben. Hiermit muß man arbeiten: mit der sich selbst entgegenstehenden Gemeinschaft, mit uns, die wir uns einander gegenübersehen, das *Mit* dem *Mit* gegenüberstehend. Ein Gegeneinander gehört wohl wesentlich zur Gemeinschaft: das heißt zugleich eine Konfrontation und eine Opposition, ein Vor-sich-selbst-Hintreten, um sich herauszufordern und zu erproben, um sich in seinem Sein zu teilen mit einem Abstand, der auch die Bedingung dieses Seins ist.[26]

Unter das Pop-Pre/Remix Theater von andcompany&Co. und seine Kriegsmaschine kann man keinen Strich im Sinne einer Summe ziehen. Am Ende, wenn das Licht ausgeht, ergeben die Wiederholungen, Übersetzungen, Gags und remontierten Zitate kein Ganzes. Vielmehr herrscht Nacht: „Friede den Hütten. Bombardiert das Hauptquartier. – *Es ist Nacht.*" Aber die Wiederholungen, Gags und remontierten Zitate erkunden und vertiefen die Brüche und Risse in der Gegenwart, durch welche die *Fatzer*-Geister der Vergangenheit und Zukunft treten können. Denn Gespenster sind nachtaffin. Und sie sind laut Fatzer über das Auge mit der Furcht verbunden:

> Denn immer Furcht
> Zeigt an, was kommt, direkt vom Aug
> Geht ein Strang zur Furcht.[27]

26 Nancy: *Die herausgeforderte Gemeinschaft*, S. 37.

27 Brecht: Fatzer, S. 465.

Sounds like war: Kriegserklärung deckt die Furcht nicht zu – wie Fatzer macht es sich nichts daraus, ob es Furcht zeigt.[28] Als armes Theater auf dem Podium fertigt es stattdessen Karten der Kriegslandschaft an, die auch unsere Gegenwart ist. Vielleicht kann man so zumindest an den falschen Zufluchten (wie zum Beispiel Staat, Nation, Volk) und dem zugeschütteten „falsche[n] Frieden"[29] vorbeimanövrieren.

28 Vgl. Brecht: Fatzer, S. 449: „Ich mach mir nichts draus / Ob ich Furcht zeig, ich / Will nicht verrecken."
29 Ebd., S. 432.

Abbildungsverzeichnis

Matthias Naumann: „Weit vom Schuß"
Abb. 1: Zentrum für Politische Schönheit: *Kindertransporthilfe des Bundes.* © Zentrum für Politische Schönheit, 2014.
Abb. 2–4: Zentrum für Politische Schönheit: *Kindertransporthilfe des Bundes.* Fotos & © Ruben Neugebauer, 2014.

KGI: Fatzer oder Selbstkritik der kgi
Bildcollagen S. 106, 107: kgi – büro für nicht übertragbare angelegenheiten, 2016.
Aufführungsfotos S. 86, 90: Björn Stork, 2014.
Aufführungsfotos S. 89, 91, 95, 98, 104, 105, 115: Pascal Bruns, 2014.
© Ringlokschuppen Ruhr, 2014.

Ewert Nitschke: Absagen an Krieg
Absagen & Antworten S. 118–119, 123, 130–135: Ewert Nitschke, 2014.
Aufführungsfotos S. 119, 120, 123, 128, 129: Björn Stork, 2014.
Aufführungsfoto S. 125: Pascal Bruns, 2014.
© Ringlokschuppen Ruhr, 2014.

Aumüller / Bussmann / Földesi / Schmidt: DIY-Fatzer
Seiten aus dem Instruktionsbuch von *DIY-Fatzer*:
Aumüller / Bussmann / Földesi / Schmidt, 2014.
Alle Aufführungsfotos: Björn Stork, 2014.
© Ringlokschuppen Ruhr, 2014.

Futur II Konjunktiv: Fatzer – eine Zeremonie
Aufführungsfotos S. 156, 161, 164, 166, 167, 171, 173, 174, 175, 178, 181:
Cameron Matheson, 2014.
© Futur II Konjunktiv, 2014.
Aufführungsfotos S. 169: Björn Stork, 2014.
© Ringlokschuppen Ruhr, 2014.

andcompany&Co.: Sounds like war: Kriegserklärung
Alle Aufführungsfotos: Foto & © Andreas J. Etter, 2014.